W0083144

Die Autoren

Allan und Barbara Pease gehören zu den führenden Kommunikations-
trainern der Welt. Sie haben bereits mehrere Bücher zum Thema Körpersprache geschrieben, die zu internationalen Bestsellern wurden. Ihr Buch
Warum Männer nicht zuhören und Frauen schlecht einparken entwickelte
sich zu einem überwältigenden Verkaufsschlager.

Von Allan und Barbara Pease ist in unserem Hause bereits erschienen:

   Warum Männer nicht zuhören und Frauen schlecht einparken

Allan & Barbara Pease

Warum Frauen schlecht einparken ...

Ganz natürliche Erklärungen
für weibliche Schwächen

Aus dem australischen Englisch
von Anja Giese

Ullstein

Ullstein Taschenbuchverlag
Der Ullstein Taschenbuchverlag ist ein Unternehmen der
Econ Ullstein List Verlag GmbH & Co. KG, München
1. Auflage 2002
© 2000 für die deutsche Ausgabe by Econ Ullstein List Verlag
GmbH und Co. KG, München
© 1998 by Allan and Barbara Pease
Die Texte in diesem Buch sind dem Titel *Warum Männer nicht zuhören und Frauen
schlecht einparken* entnommen.
Titel der australischen Originalausgabe:
Why Men Don't Listen And Women Can't Read Maps
(Pease Training International)
Dieses Werk wurde vermittelt durch die
Literarische Agentur Thomas Schlück GmbH, Garbsen.
Übersetzung: Anja Giese
Umschlaggestaltung: Thomas Jarzina, Köln
Titelabbildung: Illustration von Gerhard Haderer/*Stern*
Gesetzt aus der Sabon, Linotype
Satz: KompetenzCenter, Düsseldorf
Druck und Bindearbeiten: RMO-Druck, München
Printed in Germany
ISBN 3-548-36353-9

Inhalt

Einführung

Frauen und Männer sind unterschiedlich. Nicht besser oder schlechter, sondern unterschiedlich. Wissenschaftler, Anthropologen und Soziobiologen wissen das seit Jahren. In der heutigen Gesellschaft will man jedoch mit aller Macht daran glauben, daß Frauen und Männer genau die gleichen Fähigkeiten, Talente und Potentiale haben, und das ironischerweise zu einem Zeitpunkt, da Wissenschaftler die ersten unwiderlegbaren Beweise dafür gefunden haben, daß genau das Gegenteil der Fall ist.

Doch nur wenn wir die Unterschiede zwischen Frau und Mann verstehen, können wir wirklich damit beginnen, unsere gemeinsamen Stärken auszubauen, statt unsere individuellen Schwächen zu pflegen.

Dieses Buch ist all den Männern gewidmet, die auch schon einmal um zwei Uhr morgens haareraufend ihre Partnerin beschworen haben: »Warum kannst du mich einfach nicht verstehen?« Beziehungen gehen in die Brüche, weil Männer immer noch nicht kapieren, weshalb eine Frau nicht wie ein Mann sein kann, und weil Frauen von ihren Männern erwarten, daß sie genauso reagieren wie sie selbst. Dieses Buch ist nicht nur eine Hilfe für den Umgang mit dem anderen Geschlecht, es hilft auch, sich selbst besser zu verstehen – die Voraussetzung für ein glückliches, gesundes und harmonisches Leben zu zweit.

Allan und Barbara Pease

Gleiche Spezies, andere Welten

Frauen und Männer leben in unterschiedlichen Welten, haben andere Wertvorstellungen und gehorchen anderen Gesetzmäßigkeiten. Das wissen alle, aber nur sehr wenige – vor allem Männer – sind bereit, es auch zu akzeptieren. Doch genau hier liegt das Problem. Man muß sich nur die Fakten ansehen: In der westlichen Welt endet etwa die Hälfte aller Ehen vor dem Scheidungsrichter, und ein Großteil aller ernstgemeinten Beziehungen scheitert, bevor sie so richtig in Gang gekommen sind. Für Frauen und Männer aller Kulturkreise, Religionen und Hautfarben stellen die Ansichten, Verhaltensweisen, Haltungen und Überzeugungen ihres Partners eine unüberwindbare Hürde dar.

Manches ist ganz offensichtlich

Wenn ein Mann die Toilette aufsucht, dann tut er das gewöhnlich nur aus einem Grund. Für Frauen dagegen ist die Toilette Gesellschaftsraum und Therapiezentrum in einem. Frauen, die sich zum ersten Mal vor dem Spiegel des Waschraums begegnen, können als ein Herz und eine Seele zur Tür herauskommen und lebenslang Freundinnen bleiben. Wenn dagegen ein Mann ausrufen würde: »He, Frank, ich muß mal auf die Toilette, kommst du mit?«, würde er mit unverhohlenem Mißtrauen gemustert werden.

Männer haben die ausschließliche Verfügungsgewalt über TV-Fernbedienungen und zappen vorwärts und rückwärts durch die Kanäle; Frauen stört es nicht, sich auch hin und wieder ein wenig Werbung anzusehen. Wenn Männer unter Druck stehen, schütten sie sich mit Alkohol voll und ziehen gegen andere Länder in den Krieg; Frauen naschen lieber Schokolade und gehen zum Einkaufsbummel.

Frauen kritisieren Männer, weil sie gefühllos und gleichgültig sind, nicht zuhören, wenig warmherzig und mitfühlend sind, weil sie nicht reden, zu sparsam mit Liebesbezeugungen umgehen, nicht bereit sind, sich für Beziehungen einzusetzen, Sex statt Liebe machen wollen und die Klobrille nicht runterklappen.

Männer kritisieren Frauen wegen ihrer angeblich bescheidenen Fahrkünste, weil sie Stadtpläne nicht lesen können, Straßenkarten verkehrt herum halten, keinen Orientierungssinn haben, zuviel reden, ohne zum Wesentlichen zu kommen, nicht häufig genug nach Sex verlangen und den Klositz nicht wieder hochklappen. Männer scheinen außerstande zu sein, Sachen zu finden, ihre CD-Sammlung dagegen ist alphabetisch geordnet. Frauen finden immer die verlegten Autoschlüssel wieder, selten aber den kürzesten Weg zu ihrem Ziel. Männer denken, sie wären das vernünftigere Geschlecht. Frauen wissen, daß sie es sind.

Männer sind stets aufs neue verblüfft, wie eine Frau einen Raum betreten und augenblicklich eine Einschätzung jeder sich dort befindenden Person abgeben kann; Frauen sind fassungslos, wie wenig Beobachtungsgabe Männer haben. Männer wundern sich darüber, wie eine Frau das rot aufblinkende Warnlämpchen auf dem Armaturenbrett übersehen, dafür aber in einer dunklen Ecke aus fünfzig Metern Entfernung eine schmutzige Socke erspähen kann. Frauen finden es unfaßbar, daß Männern ein kurzer Blick in den Rückspiegel genügt, um ihr Auto mit schlafwandlerischer Sicherheit perfekt in eine winzige Parklücke einzuparken, auf der anderen Seite aber nicht in der Lage sind, den G-Punkt zu finden.

Wenn eine Frau sich einmal verfährt, hält sie einfach an und fragt nach dem Weg. Für einen Mann ist das ein Zeichen von Schwäche. Lieber fährt er stundenlang im Kreis herum und murmelt dabei vor sich hin: »Ich habe einen neuen Weg gefunden, wie man da hinkommt«, oder »Die Richtung stimmt auf jeden Fall schon mal grob« und »He, die Tankstelle da hinten kommt mir bekannt vor!«

Unterschiedliche Aufgabenbereiche

Frauen und Männer haben sich unterschiedlich entwickelt, weil sie sonst nicht überlebt hätten. Männer gingen auf die Jagd, Frauen sammelten. Männer beschützten, Frauen ernährten. Die Folge war, daß sich ihre Körper und Gehirne vollkommen anders entwickelt haben.

Hand in Hand mit dem Körper, der sich immer mehr auf ganz spezielle Funktionen einstellen mußte, hat sich auch das Gehirn verändert. Männer wurden größer und stärker als die meisten Frauen, und ihr Gehirn hat sich ihren jeweiligen Aufgaben angepaßt. Frauen waren meistens zufrieden, wenn ihre Männer unterwegs waren, um Nahrung zu beschaffen, und sie selbst das Feuer in der Höhle am Brennen halten konnten. Ihr Gehirn

hat sich ebenfalls mit der Zeit ihren speziellen Aufgaben angepaßt.

Über Jahrmillionen hinweg bildete sich so die Gehirnstruktur von
Männern und Frauen unterschiedlich aus. Wir wissen inzwischen,
daß die beiden Geschlechter Informationen unterschiedlich verarbeiten. Sie denken auf unterschiedliche Weise, haben unterschiedliche Überzeugungen und Wahrnehmungen, Prioritäten und
Verhaltensweisen.

Das Gegenteil davon zu behaupten ist das sicherste Rezept dafür,
unglücklich, verwirrt und desillusioniert durchs Leben zu irren.

Ihr Reiseführer für das unbekannte Wesen

Dieses Buch ist wie ein Reiseführer für ein fremdes Land oder
eine andere Kultur. Es dient gleichzeitig als Sprachführer und
als Nachschlagewerk für unbekannte Körpersignale und Eigenheiten.

Die meisten Touristen reisen ins Ausland, ohne sich über die dort
herrschenden Lebensbedingungen informiert zu haben. Angesichts der Fremdartigkeit bekommen sie dann entweder Angst,
oder sie kritisieren die Ortsansässigen, weil sie kein Englisch
respektive Deutsch sprechen und weder Wiener Schnitzel noch
Pommes frites essen. Um eine andere Kultur als bereicherndes
Erlebnis zu erfahren, muß man zunächst die Geschichte und Entwicklung des betreffenden Landes verstehen. Ferner muß man
ein paar wesentliche Sätze in der Landessprache beherrschen
und bereit sein, sich auf den Lebensstil des betreffenden Landes

einzulassen, um die Kultur durch Erfahrungen aus erster Hand schätzen zu lernen. Nur so wird man nicht mehr wie ein Tourist aussehen, wie ein Tourist reden und sich wie ein Tourist aufführen – also wie die Sorte Mensch, die genausogut hätte zu Hause bleiben und im eigenen Reich von fremden Ländern träumen können.

Dieses Buch will Ihnen zeigen, daß es eigentlich nur von Vorteil ist, das andere Geschlecht besser zu verstehen. Zunächst müssen wir jedoch einen kleinen Abstecher in die Entwicklungsgeschichte des Menschen machen.

Dabei beschäftigen wir uns hauptsächlich mit einer relativ jungen Wissenschaft, der Soziobiologie – der Erklärung unseres Verhaltens anhand unserer Gene und unserer Evolution.

Wir haben eine Reihe von Konzepten, Methoden und Strategien zusammengestellt, die wissenschaftlich belegt sind und den meisten Lesern offensichtlich erscheinen oder einleuchten werden. Methoden, Praktiken und Meinungen, die keine wissenschaftlichen Grundlagen besitzen, haben wir außen vor gelassen.

In diesem Buch befassen wir uns mit dem modernen Nacktaffen – jenem Affen, der die Welt mit Mega-Computern beherrscht und Sonden auf dem Mars landen läßt, dessen Herkunft jedoch in direkter Linie bis zu einem Fisch zurückverfolgt werden kann. In Millionen von Jahren haben wir uns zu einer eigenen Spezies entwickelt. Doch jetzt finden wir uns in einer technologisch hochentwickelten, politisch korrekten Welt wieder, die wenig bis gar keine Rücksicht auf unsere Biologie nimmt.

Beinahe hundert Millionen Jahre vergingen, bis wir uns zu einer so fortschrittlichen Gesellschaft entwickelt hatten, daß wir einen

Mann auf den Mond schießen konnten. Doch als er dann oben war, mußte auch er, wie schon seine primitiven Vorfahren, irgendwann aufs Klo. Es gibt wohl kleinere Unterschiede zwischen den verschiedenen Kulturen, die zugrunde liegenden biologischen Bedürfnisse und Ziele sind jedoch bei allen gleich. Wir werden aufzeigen, wie unterschiedliche Verhaltensmerkmale von Generation zu Generation weitervererbt beziehungsweise weitergegeben werden, ohne daß man dabei wesentliche kulturelle Unterschiede feststellen könnte.

Zunächst wollen wir jedoch einen kurzen Blick auf die Entwicklung unseres Gehirns werfen.

Wie wir das geworden sind, was wir sind

Es war einmal vor langer, langer Zeit, da lebten Frauen und Männer noch glücklich zusammen und gingen in Harmonie ihrer Arbeit nach. Der Mann wagte sich Tag für Tag in eine feindliche und gefährliche Welt hinaus, wo er als Jäger sein Leben riskierte, um seiner Frau und seinen Kindern Nahrung zu beschaffen, und zu Hause verteidigte er sie gegen wilde Tiere und andere Feinde. Um ergiebigere Nahrungsquellen auszumachen und dann die Beute nach Hause bringen zu können, entwickelte er einen ausgeprägten Orientierungssinn über große Distanzen. Damit er auch eine sich bewegende Beute erlegen konnte, eignete er sich eine große Zielsicherheit an. Sein Aufgabenbereich war klar und eindeutig festgelegt: Er war der *Beutejäger* – und mehr wurde von ihm nicht erwartet.

Die Frau fühlte sich gewürdigt, weil ihr Mann sein Leben für das Wohl seiner Familie riskierte. Sein Erfolg als Mann wurde an seiner Fähigkeit gemessen, eine Beute zu erlegen und heimzubringen, und sein Selbstwertgefühl hing davon ab, inwieweit die Frau seine Leistungen und seine Bemühungen würdigte. Die Familie war darauf angewiesen, daß er seinen Aufgaben als Beutejäger und Beschützer nachkam – und sonst nichts. Für ihn war es vollkommen unerheblich, die »Beziehung zu analysieren«, ebensowenig erwartete man von ihm, den Müll rauszubringen oder dem Nachwuchs die Windeln zu wechseln.

Die Rolle der Frau war ebenfalls klar: Sie gebar den Nachwuchs, was entscheidend die evolutionsgeschichtliche Entwicklung und Ausbildung der Fähigkeiten bestimmte, die sie benötigte, um ihrer Rolle gerecht werden zu können. Sie mußte in der Lage sein, ihre direkte Umgebung nach Zeichen von Gefahren abzusuchen, brauchte einen ausgezeichneten Orientierungssinn für kurze Strecken, wobei sie sich an auffälligen Formationen oder ähnlichem orientierte. Außerdem mußte ihre Fähigkeit, auch kleine Veränderungen im Verhalten und im Äußeren ihrer Kinder und anderer Erwachsener wahrzunehmen, hochentwickelt sein. Es war ziemlich einfach: Er war der Beutejäger, sie die Nesthüterin.

Die Frau verbrachte ihren Tag damit, sich um die Kinder zu kümmern. Sie sammelte Früchte, eßbare Pflanzen und Nüsse und knüpfte Beziehungen zu den anderen Frauen in der Gruppe. Die Beschaffung von größeren Nahrungsstücken und die Abwehr von Feinden war Aufgabe des Mannes, und so maß sich der Erfolg der Frau allein an ihrer Fähigkeit, sich um ihre Familie zu kümmern. Ihr Selbstwertgefühl hing von der Würdigung ihrer Fähigkeiten als Mutter und »Hausfrau« durch den Mann ab. Ihre Fähigkeit, Kinder zu bekommen, galt als magisch oder sogar heilig, denn sie allein kannte das Geheimnis, Leben zu schenken. Nie kam jemand auf die Idee, von ihr zu erwarten, daß sie Tiere erlegte, Feinde bekämpfte oder Glühbirnen auswechselte.

Das Überleben zu sichern war eine harte Angelegenheit, Beziehungen dagegen waren ein Kinderspiel. Und so ging alles über Jahrtausende hinweg gut. Am Tagesende kehrten die Jäger mit ihrer Beute zurück. Die erlegten Tiere wurden gerecht untereinander aufgeteilt und zusammen in der gemeinschaftlichen Höhle verzehrt. Die Jäger gaben den Frauen einen Teil ihrer Beute und erhielten dafür Früchte und andere eßbare Pflanzen.

Nach der Mahlzeit hockten die Männer um das Feuer herum, starrten in die Flammen, spielten, erzählten sich Geschichten oder blödelten herum. Dies war die prähistorische Version des Verhaltens der Männer von heute, die sich mit der Fernbedienung durch die Fernsehprogramme zappen oder sich durch eine Zeitung wühlen. Sie waren erschöpft von der Jagd und erholten sich auf diese Art und Weise, um am nächsten Tag wieder fit zu sein. Die Frauen kümmerten sich um ihre Kinder und vergewisserten sich, daß die Männer genügend Nahrung aufgenommen hatten und sich nun ordentlich ausruhten. Jeder schätzte und würdigte die Arbeit des anderen. Männer wurden nicht als faul betrachtet und Frauen nicht als die unterdrückten Dienstmädchen der Männer.

Diese einfachen Rituale und Verhaltensmuster gibt es immer noch in einigen alten Kulturen auf Borneo, in Teilen von Afrika und

Indonesien und bei gewissen Aborigine-Stämmen in Australien, bei den Maoris in Neuseeland und den Inuit in Kanada und Grönland. In diesen Kulturen kennt und versteht jeder seine Rolle und die des anderen. Die Männer schätzen die Frauen und die Frauen die Männer. Jeder liefert seinen persönlichen Beitrag zum Überleben und zum Wohlbefinden der Familie. Diese herkömmlichen Regeln wurden jedoch in unserer modernen, zivilisierten Welt abgeschafft, und die Folgen sind Chaos, Verwirrung und Unzufriedenheit.

Vollkommen logisch

Frauen – wandelnde Radarstationen

Eine Frau merkt sofort, wenn eine andere Frau traurig oder gekränkt ist. Ein Mann dagegen muß in der Regel erst erleben, daß sie schluchzend in Tränen ausbricht, einen Wutanfall bekommt oder ihm ein paar Ohrfeigen gibt, bevor er langsam kapiert, daß etwas nicht ganz in Ordnung ist. Der Grund hierfür ist, daß Frauen – wie alle anderen weiblichen Säugetiere auch – viel feiner eingestellte Sensoren haben als Männer. Für ihre Aufgabe als Mutter und Nesthüterin mußten sie in der Lage sein, feine Stimmungsschwankungen und Veränderungen im Verhalten anderer wahrzunehmen. Was man gemeinhin als »weibliche Intuition« bezeichnet, ist nichts anderes als die hochentwickelte Fähigkeit, winzige Details und Veränderungen im Äußeren oder im Verhalten anderer wahrzunehmen. Untreue Ehemänner, die von ihren Frauen ertappt wurden, macht diese Fähigkeit seit Jahrhunderten ratlos.

Einer unserer Seminarteilnehmer erzählte uns, wie phantastisch das Sehvermögen seiner Frau sei, wenn er etwas zu verbergen suche, daß es sie jedoch gänzlich im Stich zu lassen scheine, sobald sie rückwärts mit dem Auto in die Garage einparke. Aber im rollenden Auto den Abstand zwischen Kotflügel und Garagenwand einzuschätzen, ist eine räumliche Angelegenheit, und diese

spezielle Fähigkeit ist in der rechten vorderen Gehirnhälfte angesiedelt und bei Frauen im allgemeinen nicht besonders stark ausgeprägt. Doch darauf werden wir noch zu sprechen kommen.

Um das Überleben ihrer Familie sicherzustellen, mußten die Nesthüterinnen in der Lage sein, leichte Veränderungen im Verhalten
ihres Nachwuchses zu bemerken, die auf Schmerz, Hunger, Verletzungen, Aggression oder Depression hinweisen konnten. Die
Männer und Beutejäger konnten sich nie lange genug in der Nähe
der Höhle aufhalten, um nonverbale Signale oder die Dynamik
der zwischenmenschlichen Kommunikation deuten zu lernen. Der
Neuropsychologe Professor Ruben Gur von der University of
Pennsylvania bewies mit Hilfe von Gehirn-Scans, daß im Gehirn
eines Mannes, das sich im Ruhezustand befindet, die elektrischen
Gehirnströme um mindestens siebzig Prozent heruntergefahren
werden. Gehirn-Scans bei Frauen, deren Gehirne sich ebenfalls im
Ruhezustand befanden, ergaben dagegen neunzig Prozent Aktivität. Damit wurde die Annahme bestätigt, daß Frauen ständig
Informationen aus ihrer Umgebung empfangen und analysieren.
Eine Frau kennt die Freunde, Hoffnungen, Träume, Romanzen und
heimlichen Ängste ihrer Kinder, sie weiß, was sie denken, wie sie
sich fühlen, und in der Regel auch, was sie gerade aushecken.
Männer dagegen sind sich höchstens vage der Tatsache bewußt,
daß auch ein paar Pimpfe im Haus leben.

Augen am Hinterkopf

Nun ja, nicht direkt, aber fast. Frauen haben ein größeres peripheres Sehvermögen als Männer. Als Nesthüterinnen besitzen sie eine Gehirn-Software, mit der sie ein Blickfeld von mindestens 45 Grad rechts und links von ihrem Kopf sowie oberhalb und unterhalb ihrer Nase einsehen können. Das periphere Blickfeld vieler Frauen reicht sogar bis zu fast einhundertundachtzig Grad. Die Augen eines Mannes sind größer als die einer Frau, und sein Gehirn hat sie für eine Art tunnelförmiges Langstreckensehen konfiguriert. Das heißt, er kann klar und deutlich Dinge wahrnehmen, die direkt vor ihm liegen, und das auf größere Distanzen, mehr oder weniger wie mit einem Fernglas.

Als Jäger mußte der Mann in der Lage sein, eine Beute in der Ferne anzuvisieren und sie dann zu verfolgen. Er entwickelte beinahe so etwas wie Scheuklappen, damit er nicht von einem Ziel abgelenkt wurde. Die Frau benötigte ein weites Blickfeld, damit sie mögliche Raubtiere, die um ihr Nest herumstrichen, erspähen und beobachten konnte. Das ist der Grund, warum der moderne Mann problemlos den Weg zu einer entlegenen Kneipe findet, selten aber Sachen in Schränken, Schubladen und Kühlschränken.

Warum die Augen einer Frau soviel sehen

Abermillionen von Lichtphotonen – die Summe entspräche 100 Megabytes – fallen in jeder Sekunde auf die Netzhaut. Das

Auge kann diese Datenflut nur teilweise verarbeiten, deswegen beschränkt es sich auf die Informationen, die für das Überleben unerläßlich sind. Um ein Beispiel zu geben: Sobald das Gehirn einmal alle Farben des Himmels »verstanden« hat, sieht es nur noch das, was wichtig ist, in diesem Fall die Farbe Blau. Unser Gehirn schränkt unser Sehen so weit ein, daß wir uns auf eine spezielle Sache konzentrieren können. Wenn wir nach einer Nadel auf dem Teppich suchen, verengt sich unser Blickfeld. Das männliche Gehirn – aufs Jagen programmiert – nimmt einen viel engeren Bereich als das weibliche Gehirn wahr, was auf die Vergangenheit der Frau als Nesthüterin zurückzuführen ist.

Die spurlos verschwundene Butter

Unerfahrene Männer beschuldigen die Frauen, Dinge in Schubladen und Schränken vor ihnen zu verstecken. Socken, Schuhe, Unterwäsche, Marmelade, Butter, Autoschlüssel und Geldbeutel – es ist alles da, sie können es nur nicht sehen. Mit ihrem größeren peripheren Gesichtsfeld kann eine Frau den Inhalt eines Kühlschranks oder eines Schranks praktisch ohne eine einzige Kopfbewegung erfassen. Männer dagegen drehen und wenden ihren Kopf von oben nach unten, von rechts nach links, um das »verschwundene« Objekt zu suchen.

Dieser Unterschied im Sehvermögen hat bedeutende Auswirkungen auf unser Leben. Die Statistiken von Autoversicherungen belegen beispielsweise, daß Frauen ein geringeres Risiko eingehen, bei einem Unfall an einer Kreuzung von der Seite ange-

fahren zu werden, als Männer. Ihr weiteres peripheres Gesichtsfeld ermöglicht es ihnen, auch die Autos, die von der Seite auf sie
zukommen, wahrzunehmen. Dafür sind sie anfälliger dafür, vorne oder hinten irgendwo gegenzustoßen, während sie versuchen
einzuparken, denn dabei ist das bei Frauen weniger stark ausgeprägte räumliche Vorstellungsvermögen gefordert.

Eine Frau kann sich viel Streß ersparen, wenn sie begreift, daß
ein Mann Probleme hat, Dinge zu sehen, die sich direkt vor seiner
Nase befinden. Und wenn eine Frau zu einem Mann sagt: »Es *ist*
im Schrank!«, dann sollte er ihr glauben und mit der Suche fort-
fahren.

Frauen, die nach anderen Männern »schielen«

Das größere periphere Sehvermögen der Frauen ist der Grund,
warum sie nur selten dabei ertappt werden, wie sie nach einem
anderen Mann »schielen«.

Praktisch jeder Mann muß sich mindestens einmal in seinem
Leben den Vorwurf anhören, daß er nach einer anderen Frau
schiele, dagegen wird es selten vorkommen, daß eine Frau so
etwas von einem Mann zu hören bekommt. Sexforscher auf der
ganzen Welt berichten, daß Frauen Männern genauso viel –
wenn nicht häufiger – hinterhergucken wie Männer Frauen. Nur
werden Frauen mit ihrem höher entwickelten peripheren Sehvermögen dabei selten ertappt.

Warum Frauen einen »sechsten Sinn« haben

Jahrhundertelang wurden Frauen auf Scheiterhaufen verbrannt, weil sie angeblich »übernatürliche Kräfte« besäßen. Zu diesen »übernatürlichen Kräften« gehörte die Fähigkeit vorherzusagen, ob eine Beziehung eine Zukunft hat oder nicht, Lügner zu enttarnen, zu Tieren zu sprechen und die Wahrheit ans Licht zu bringen.

Im Jahre 1978 führten wir für eine Fernsehsendung ein Experiment durch, in dem die Fähigkeit der Frauen untersucht wurde, die Körpersprache und Mimik von Babys zu deuten. In einer Neugeborenenabteilung sammelten wir verschiedene Filmausschnitte von weinenden Babys von jeweils zehn Sekunden Dauer und baten die Mütter, sich die Ausschnitte ohne Ton anzuschauen. Auf diese Weise erhielten die Mütter nur visuelle Informationen.

Die meisten Mütter konnten sehr schnell eine Vielzahl von Gründen für das Weinen der Babys aufführen, die von Hunger über Schmerz bis hin zu Blähungen und Müdigkeit reichten. Als man die Väter dem gleichen Test unterzog, war ihre Erfolgsrate kläglich: Weniger als zehn Prozent der Väter konnten mehr als zwei Gründe für das Weinen erkennen. Und selbst dabei hatten wir den Verdacht, daß viele auf gut Glück einfach irgend etwas sagten. Viele Väter erklärten triumphierend: »Das Baby braucht seine Mutter.« Die meisten Männer hatten, wenn überhaupt, nur eine beschränkte Fähigkeit, Unterschiede im Weinen der Babys wahrzunehmen. Wir haben auch die Reaktionen der Großeltern untersucht, um herauszufinden, ob das Alter eine Rolle spielt. Die meisten Großmütter hatten eine Erfolgsquote zwischen fünfzig und siebzig Prozent, gemessen an der der Mütter, wohingegen die meisten Großväter nicht einmal ihr eigenes Enkelkind identifizieren konnten!

Eine Studie, die wir mit eineiigen Zwillingen durchführten, zeigte, daß die Großväter nicht in der Lage waren, die Zwillinge auseinanderzuhalten, während die wenigsten weiblichen Familienmitglieder Schwierigkeiten damit hatten. Kinofilme über eineiige Zwillinge, die erfolgreiche Täuschungsmanöver durchführen, sind eigentlich nur dann glaubwürdig, wenn die Zwillinge Mädchen sind und die hinters Licht geführten Personen Männer – Männer lassen sich nämlich leichter Sand in die Augen streuen als Frauen. In einem Raum mit fünfzig Personen braucht eine Frau im Durchschnitt weniger als zehn Minuten, bis sie die Beziehungen zwischen den einzelnen Paaren im Raum analysiert hat. Wenn eine Frau einen Raum betritt, schalten sich automatisch ihre hochentwickelten Sensoren ein, die ihr in unglaublich kurzer Zeit melden, welches Paar gut miteinander auskommt, welches zerstritten ist, wer mit wem flirtet, wo sich die Frauen befinden, die sich um jeden Preis profilieren müssen, und wo sich diejenigen aufhalten, die entgegenkommend und freundlich wirken. Wenn ein Mann einen Raum betritt, sieht das auf unseren Kameras schon ganz anders aus. Männer lassen ihre Augen erst einmal über den ganzen Raum wandern, registrieren mögliche Ein- und Ausgänge. Hier setzt die Gehirnprogrammierung aus prähistorischen Zeiten ein und analysiert, von welcher Ecke ein eventueller Angriff erfolgen könnte und wo sich mögliche Fluchtwege befinden. Danach sucht der Mann nach bekannten Gesichtern und möglichen Feinden, und anschließend betrachtet er die Zimmeraufteilung.

Sein logischer Denkapparat registriert Dinge, die befestigt oder repariert werden müssen, wie beispielsweise zerbrochene Fensterscheiben oder eine kaputte Glühbirne. In der Zwischenzeit haben die Frauen bereits alle Gesichter im Raum eingeordnet und wissen nun, was was und wer wer ist und wie sich alle fühlen.

Warum Männer Frauen nicht belügen können

Unsere Untersuchungen zur Körpersprache zeigen, daß bei der Kommunikation von Angesicht zu Angesicht die nonverbalen Signale sechzig bis achtzig Prozent der Wirkung der übermittelten Botschaft ausmachen, wohingegen die akustischen Signale einen Anteil von nur zwanzig bis dreißig Prozent haben. Die restlichen sieben bis zehn Prozent entfallen auf das Gesagte. Die besser entwickelte Sensorenausstattung einer Frau nimmt diese Informationen auf und analysiert sie. Aufgrund der Fähigkeit des weiblichen Gehirns zu einem schnellen Austausch zwischen den beiden Gehirnhälften hat sie einen eindeutigen Vorsprung gegenüber dem Mann, verbale, visuelle und andere Signale zueinander in Beziehung zu setzen und sie anschließend zu entschlüsseln.
Dies ist auch der Grund, warum es den wenigsten Männern gelingt, bei einer Frau mit einer Lüge durchzukommen, wenn sie sie ihr von Angesicht zu Angesicht sagen. Andersherum weiß allerdings jede Frau, daß es relativ leicht ist, einem Mann einen Bären aufzubinden und ihm dabei fest ins Auge zu blicken, verfügt er doch nicht über das nötige Einfühlungsvermögen, um

Widersprüchlichkeiten zwischen ihren verbalen und nonverbalen Signalen zu bemerken. Den meisten Frauen gelingt es beispielsweise mühelos, einen Orgasmus vorzutäuschen. Wenn ein Mann einer Frau schon eine Lüge auftischen will, täte er besser daran, das per Telefon, in einem Brief oder bei absoluter Dunkelheit und mit einer dicken Decke über dem Kopf zu tun.

Sie hört auch besser ...

Frauen hören besser als Männer und können sehr gut hohe Töne unterscheiden. Das Gehirn einer Frau ist darauf programmiert, in der Nacht das Weinen ihres Babys wahrzunehmen, wohingegen der Vater oftmals nicht einmal Notiz davon nimmt und einfach weiterschläft. Wenn in der Ferne ein Kätzchen schreit, hört eine Frau das. Ein Mann mit seinem höher entwickelten räumlichen Vorstellungsvermögen und seinem besseren Orientierungssinn könnte ihr, ohne lange zu überlegen, sagen, wo es sich befindet. Im zarten Alter von einer Woche können weibliche Babys die Stimme ihrer Mutter und das Weinen eines ebenfalls im Raum befindlichen Babys von anderen Geräuschen unterscheiden. Männliche Babys können das nicht. Das weibliche Gehirn kann Geräusche unterscheiden und einordnen und jedes einzelne bestimmen. Hier liegt auch der Grund dafür, daß eine Frau einer Person, mit der sie sich gerade unterhält, zuhören und gleichzeitig der Unterhaltung einer anderen Person lauschen kann, und wieso ein Mann Schwierigkeiten hat, einer Unterhaltung zu folgen, während der Fernseher im Hintergrund läuft oder Teller im

Spülbecken klappern. Wenn das Telefon klingelt, verlangt ein Mann in der Regel, daß alle anderen schweigen, die Musik heruntergedreht und der Fernseher ausgeschaltet wird, damit er das Gespräch entgegennehmen kann. Eine Frau geht einfach ans Telefon.

Frauen lesen zwischen den Zeilen

Frauen haben das bessere Gehör für leichte Änderungen in Lautstärke und Tonhöhe. Dadurch bleiben Gefühlsschwankungen bei Kindern und Erwachsenen von ihr selten unbemerkt. So kommen auf einen Mann, der (seltener Fall!) richtig singen kann, acht Frauen, denen das mühelos gelingt. Diese Fähigkeit hilft einem schon ein gutes Stückchen weiter, wenn man den typisch weiblichen Satz »Sprich nicht in diesem Ton mit mir!« erklären will, den Frauen so häufig gegenüber Männern und Jungen gebrauchen. Die meisten Männer haben nicht den leisesten Schimmer, wovon die Frauen überhaupt reden.

Der Vorsprung, den Frauen wegen ihres besseren Gehörs haben, trägt wesentlich zu dem bei, was allgemein als »weibliche Intuition« bezeichnet wird. Er ist auch einer der Gründe dafür, daß eine Frau bei Gesprächen zwischen den Zeilen lesen kann. Männer sollten sich dadurch jedoch nicht entmutigen lassen. Ihre Fähigkeiten beim Erkennen und Imitieren von Tiergeräuschen sind ausgezeichnet, was sicher ein unglaublicher Vorteil für den Jäger der Frühzeit war. Leider sind diese Fähigkeiten heutzutage nur noch von zweifelhaftem Nutzen.

Frauen sind empfindsam

Die Haut ist mit einer Größe von zwei Quadratmetern unser größtes Körperorgan. Über ihre Oberfläche sind in unregelmäßigen Abständen 2 800 000 Schmerzrezeptoren, 200 000 Wärmerezeptoren und 500 000 Druck- und Berührungsrezeptoren verteilt. Von Geburt an reagieren Mädchen deutlich stärker auf Berührungen als Jungen, und im Erwachsenenalter ist die Haut einer Frau mindestens zehnmal so berührungs- und druckempfindlich wie die eines Mannes. In einer aufschlußreichen Studie fand man heraus, daß die Jungen, die am berührungsempfindlichsten reagierten, immer noch deutlich weniger fühlten als das unempfindlichste Mädchen. Die weibliche Haut ist dünner als die männliche und hat direkt unter der Hautoberfläche eine zusätzliche Fettschicht, die im Winter Wärme spendet und den Frauen im Vergleich zu Männern ein größeres Durchhaltevermögen verleiht.

Das Hormon, welches das Bedürfnis auslöst, berührt zu werden, und unsere Tastzellen auf Hochtouren bringt, heißt Oxytozin. Es ist kein Wunder, daß Frauen, deren Rezeptoren zehnmal empfindlicher sind als die der Männer, es so wichtig finden, ihre Männer, Kinder und Freunde zu berühren und zu umarmen. Unsere Studien zur Körpersprache haben gezeigt, daß es in der westlichen Welt vier- bis sechsmal wahrscheinlicher ist, daß eine Frau während einer normalen Unterhaltung eine andere Frau berührt, als daß ein Mann einen anderen Mann berührt. Das Vokabular der Frauen ist auch reicher an Ausdrücken, die sich auf das Berühren beziehen, als das der Männer. So beschreiben sie beispielsweise eine erfolgreiche Person als jemanden, der »ein geschicktes Händchen« hat, andere als »dünnhäutig« oder als »dickhäutig«. Frauen wollen gerne »in Kontakt bleiben« und verhalten sich vorsichtig gegenüber jemandem, der ihnen »unter die Haut geht«. Sie sprechen über »Gefühle«, geben einer Sache einen »persönlichen Touch«, empfinden etwas als »kitzlig« und verärgern Leute, indem sie etwas tun, was denen »gegen den Strich« gehen könnte.

Eine Studie mit Psychiatriepatienten zeigte, daß Männer, die unter Druck gesetzt werden, jeglicher Berührung aus dem Weg gehen und sich in ihre eigene Welt zurückziehen. Über die Hälfte der weiblichen Testpersonen hingegen näherten sich Männern aus eigenem Antrieb, und zwar nicht, um Sex zu haben, sondern weil sie die Nähe durch körperlichen Kontakt suchten. Wenn eine Frau sich von einem Mann emotional ausgegrenzt fühlt oder über ihn verärgert ist, äußert sie in den meisten Fällen den Satz »Faß mich nicht an!« – ein Satz, den Männer mit einem Schulterzucken quittieren. Und was lernen wir daraus? Um bei Frauen Punkte zu sammeln, muß man sie oft und angemessen berühren, das Grapschen aber unter allen Umständen vermeiden.

Irgendwas liegt in der Luft

Der Geruchssinn einer Frau ist generell besser als der des durchschnittlichen Mannes und um die Zeit des Eisprungs herum sogar noch stärker ausgeprägt. Die weibliche Nase kann Pheromone und moschusartige Gerüche, die Männern anhaften, wahrnehmen, Gerüche also, die man nicht im eigentlichen Sinn »riechen« kann. Das weibliche Gehirn ist auch in der Lage, den Zustand des Immunsystems eines Mannes zu erfassen. Wenn es zu ihrem Immunsystem paßt oder stärker ist, bestehen gute Chancen, daß sie diesen speziellen Mann als attraktiv empfinden und seiner unerklärlich starken »Ausstrahlung« erliegen wird. Wenn dagegen ihr Immunsystem stärker als seines ist, findet sie ihn aller Wahrscheinlichkeit nach nur mäßig bis überhaupt nicht anziehend.

Neurologen haben herausgefunden, daß das weibliche Gehirn dies bereits drei Sekunden nach einer Begegnung registriert hat. Komplementäre Immunsysteme der Eltern sind für den Nachwuchs von Vorteil, weil dadurch die Überlebenschancen der Nachkommen steigen. Seitdem diese Erkenntnisse der Forschung bekannt sind, gibt es auf dem Markt unzählige Öle und Wässerchen für Männer, die damit Werbung machen, daß sie die geheimnisvolle Anziehungskraft der Pheromone ausnutzen, um alle Frauen im Umkreis von mehreren Kilometern vor Verlangen wild werden zu lassen.

Weibliche Intuition

Die Rollenverteilung, die sich bei uns im Laufe der Evolution herausgebildet hat, hat Frauen und Männer mit den biologischen Fertigkeiten und Sinnen ausgestattet, die zum Überleben notwendig sind. Was man häufig als Hexerei, übernatürliche Kräfte oder weibliche Intuition bezeichnete, wird seit den achtziger Jahren mit wissenschaftlichen Methoden untersucht und gemessen und läßt sich in den meisten Fällen auf die besser entwickelten Sinnesorgane der Frau zurückführen. »Hexen« waren selten etwas anderes als ganz normale Frauen, die von Männern zum Tode verurteilt wurden, denen die biologischen Unterschiede zwischen den Geschlechtern nicht einleuchten wollten. Frauen sind schlicht und ergreifend besser darin, die feinen Nuancen zu erspüren, die über Körpersprache, Lautäußerungen, Tonfall und andere, mit den Sinnesorganen wahrnehmbare Veränderungen ausgesendet werden. Selbst die moderne Frau wird immer noch wegen ihres besserentwickelten Wahrnehmungsvermögens schikaniert, und so zieht es sie häufig genug zu Astrologen, Tarotkartenlesern, Numerologen und anderen Menschen mit übernatürlichen Kräften, die ihr für ihr hart verdientes Geld eine wie auch immer geartete »Erklärung« für weibliche Intuition geben. Die hochentwickelten weiblichen Sinnesorgane tragen wesentlich zur frühen Reife von Mädchen bei. Im zarten Alter von 17 Jahren haben die meisten Mädchen bereits Erwachsenenreife erlangt, während Jungen sich noch gegenseitig im Schwimmbad die Badehose runterziehen und Feuerzeuge unter ihre Fürze halten.

Alles passiert im Kopf

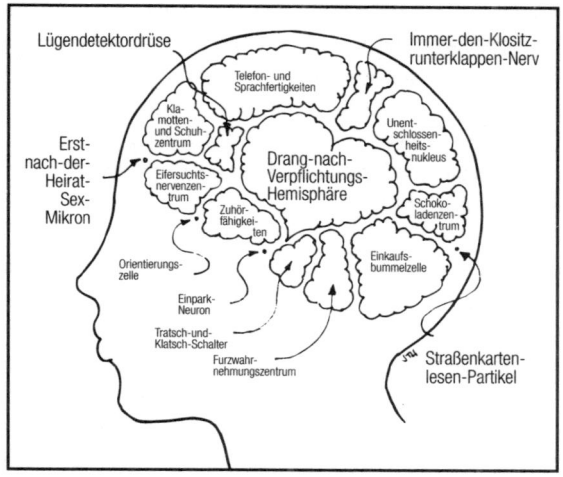

Das weibliche Gehirn

Diese erheiternde Abbildung des weiblichen Gehirns ist nur deswegen komisch, weil sie das berühmte Körnchen Wahrheit enthält. Wie groß aber ist dieses Körnchen? Nun, größer als man annehmen mag. In diesem Kapitel werden wir uns mit den jüngsten, dramatischen Erkenntnissen der Gehirnforschung befassen.

Wie unser Gehirn unser Territorium verteidigt

»Von lieben Gewohnheiten trennt man sich nur schwer«, heißt es bei den älteren Jahrgängen. »Es gibt so etwas wie ein genetisches Gedächtnis, und das läßt sich nicht so leicht unterdrücken«, sagen die Wissenschaftler. Das genetische Gedächtnis ist Teil unseres Instinktverhaltens. Es ist ganz klar, daß die Tausende von Jahren, welche die Menschen in einer Höhle zugebracht haben, von der aus sie die Umgebung überwacht, ihr Territorium verteidigt und die unzähligen Probleme gelöst haben, vor die sie das Leben stellte, nicht unbemerkt an ihnen vorübergegangen sein können.

Man muß sich nur einmal in ein Restaurant setzen und die Gäste beobachten. Die meisten Männer sitzen am liebsten mit dem Rücken zur Wand, so daß sie den Eingang des Restaurants im Auge behalten können. Nur so fühlen sie sich sicher und wohl in ihrer Haut. Nichts und niemand kann sich unbemerkt von hinten anschleichen, auch wenn es sich heutzutage dabei selten um etwas Bedrohlicheres handelt als einen Kellner mit einer besonders deftigen Rechnung. Frauen hingegen fühlen sich auch wohl, wenn sie mit dem Rücken zum offenen Raum sitzen, es sei denn, sie sind mit kleinen Kindern allein. In diesem Fall wählen auch sie bevorzugt einen Platz, an dem sie mit dem Rücken zur Wand sitzen.

Auch zu Hause handeln viele Männer instinktiv und schlafen auf der Seite des Bettes, das sich am nächsten zur Schlafzimmertür befindet – hier haben wir das symbolische Verteidigen des Höhleneingangs. Wenn ein Paar in ein neues Heim zieht oder in einem

Hotel übernachtet und die Frau in Türnähe schläft, kann ein Mann unruhig werden und unter Schlafstörungen leiden, ohne zu wissen, warum. Häufig kann man das Problem allein dadurch lösen, daß man ihm wieder die Seite überläßt, die näher an der Schlafzimmertüre liegt.

Wenn ein Mann abwesend ist, übernimmt die Frau in der Regel seine Beschützerrolle und schläft auf seiner Seite des Bettes. In der Nacht schreckt eine Frau aus dem Tiefschlaf hoch, sobald sie einen hohen Ton vernimmt, der wie das Weinen eines Babys klingt. Ein Mann dagegen – sehr zum Ärger seiner Frau – schnarcht seelenruhig weiter vor sich hin. Sein Gehirn ist darauf gedrillt, Geräusche, die sich auf Bewegungen zurückführen lassen, wahrzunehmen. Sogar das Geräusch eines knackenden Zweiges draußen vor dem Fenster reißt ihn womöglich innerhalb eines Sekundenbruchteils aus dem Schlaf, damit er im Falle eines Angriffs blitzschnell reagieren kann. Hier wiederum schlafen Frauen einfach weiter, es sei denn, ihr Mann ist abwesend und ihr Gehirn darauf programmiert, seine Rolle zu übernehmen und jedes Geräusch und jede Bewegung, die das »Nest« gefährden könnten, zu registrieren.

Köpfe auf Erfolgskurs

Der griechische Philosoph Aristoteles glaubte, daß unser Denkzentrum im Herzen liege und der Kopf nur zur Kühlung des Körpers beitrage. Das ist auch der Grund, warum viele unserer Gefühlsausdrücke in irgendeiner Form mit dem Herzen zu tun haben.

Heute mag uns das lächerlich erscheinen, doch bis ins späte 19. Jahrhundert stimmten viele Wissenschaftler mit Aristoteles überein.

Im Jahre 1962 gewann Roger Sperry einen Nobelpreis für seine Entdeckung, daß jede der beiden Hemisphären der Großhirnrinde für unterschiedliche intellektuelle Funktionen zuständig ist. Moderne Technologien ermöglichen uns heutzutage zwar einen Einblick in die Arbeitsweise des Gehirns, unser Wissen über die Hirnfunktionen steckt aber immer noch in den Kinderschuhen. Wir wissen, daß die rechte Gehirnhälfte, also die kreative Seite, die linke Körperhälfte steuert, während die linke Gehirnhälfte für Logik, Vernunft, Sprache und die rechte Körperhälfte zuständig ist. Die linke Hälfte ist das Zentrum für Sprache und Wortschatz – besonders bei Männern –, und die rechte Gehirnhälfte speichert und steuert visuelle Informationen.

Linkshänder sind stärker auf die rechte Hemisphäre, also die kreative Seite des Gehirns, ausgerichtet. Aus diesem Grund gibt es auch eine überproportional hohe Anzahl an linkshändigen künstlerischen Genies wie beispielsweise Albert Einstein, Leonardo da Vinci, Picasso, Lewis Carroll, Greta Garbo, Robert De Niro und Paul McCartney. Neunzig Prozent aller Menschen sind Rechtshänder. Es gibt mehr linkshändige Frauen als Männer.

Bis in die sechziger Jahre unseres Jahrhunderts hinein stammten so gut wie alle Erkenntnisse über das menschliche Gehirn von Soldaten, die auf Schlachtfeldern umgekommen waren – wie man sich vorstellen kann, fiel da haufenweise Anschauungsmaterial ab. Das Problem war nur, daß die meisten dieser Gehirne aus offenkundigen Gründen von Männern stammten und man stillschweigend annahm, das weibliche Gehirn funktioniere genauso.

Jüngste Untersuchungen haben jedoch ergeben, daß die Funktionsweise des weiblichen Gehirns bedeutende Unterschiede zu der des männlichen aufweist. Und hier liegt die Quelle (fast) allen Übels in den Beziehungen zwischen Männern und Frauen. Das weibliche Gehirn ist unwesentlich kleiner als das männliche. Studien haben allerdings ergeben, daß das keinerlei Auswirkungen auf die Leistungsfähigkeit hat. Im Jahre 1997 wies der dänische Forscher Berte Pakkenberg von der Neurologie-Abteilung des Städtischen Krankenhauses in Kopenhagen nach, daß ein Mann durchschnittlich vier Milliarden mehr Gehirnzellen hat als eine Frau, eine Frau bei allgemeinen Intelligenzfragen dennoch um drei Prozent besser abschneidet.

Was ist wo im Gehirn?

Auf der folgenden Seite finden Sie eine Übersicht über die heute allgemein akzeptierte Lage der Gehirnfunktionen in den beiden Gehirnhälften.

Tagtäglich kommt man bei der Erforschung des menschlichen Gehirns zu neuen, aufsehenerregenden Schlüssen; doch alle Forschungsergebnisse lassen sich unterschiedlich interpretieren. Es gibt aber auch Gebiete, bei denen die Meinungen der Wissenschaftler und Forscher nicht divergieren. Mit Hilfe der Kernspintomographie, bei der die Gehirnströme gemessen werden, ist es jetzt möglich, die exakte Stelle im Gehirn zu bestim-

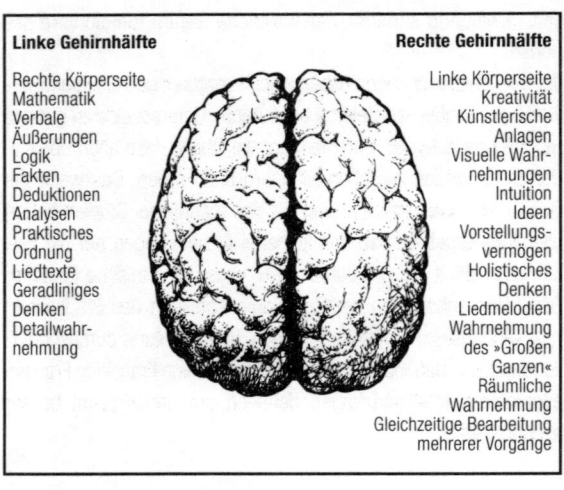

Linke Gehirnhälfte	Rechte Gehirnhälfte
Rechte Körperseite	Linke Körperseite
Mathematik	Kreativität
Verbale	Künstlerische
Äußerungen	Anlagen
Logik	Visuelle Wahr-
Fakten	nehmungen
Deduktionen	Intuition
Analysen	Ideen
Praktisches	Vorstellungs-
Ordnung	vermögen
Liedtexte	Holistisches
Geradliniges	Denken
Denken	Liedmelodien
Detailwahr-	Wahrnehmung
nehmung	des »Großen
	Ganzen«
	Räumliche
	Wahrnehmung
	Gleichzeitige Bearbeitung
	mehrerer Vorgänge

men und zu messen, die für ganz spezielle Funktionen zuständig ist. Unter einem Gehirn-Scanner sieht man, welcher Teil des Gehirns bei einer bestimmten Aufgabe beansprucht wird. Wenn ein Gehirn-Scan einen Ort für eine bestimmte Fertigkeit oder Funktion sichtbar macht, bedeutet das, daß die betreffende Person in der Regel gut ausgebildete Fertigkeiten in dem Bereich hat, daß sie diese gerne anwendet und Tätigkeiten und Beschäftigungen bevorzugt, bei denen sie diese Fertigkeiten einsetzen kann.

Die meisten Männer verfügen über einen bestimmten Bereich in ihrem Gehirn, der sie Richtungen »spüren« läßt, und deswegen haben sie auch keine Probleme mit der Orientierung. Es macht ihnen Freude, Tätigkeiten zu planen, bei denen ihr Richtungsdenken gefragt ist, und sie fühlen sich zu Freizeitbeschäftigungen hingezogen, bei denen sie ihre Pfadfinder- und Orientierungstalente einsetzen können. Frauen haben an mehreren Stellen im Gehirn Sprachzentren. Ihre Sprachfertigkeiten sind in der Regel ausgezeichnet, sie sind selten um Worte verlegen, und es zieht sie zu Tätigkeiten hin, bei denen ihre besondere Stärke gefragt ist, wie beispielsweise therapeutische, beratende und lehrende Berufe. Wenn man bei einer Person für eine bestimmte Fertigkeit keine eindeutige Stelle im Gehirn nachweisen kann, bedeutet das in der Regel, daß sie dafür keine natürliche Begabung beziehungsweise keine besondere Freude empfindet, wenn sie die entsprechende Tätigkeit ausübt. Einen weiblichen Navigator aufzutreiben ist deswegen ebenso schwer, wie bei einem männlichen Berater Trost zu finden oder von einem männlichen Lehrer »gutes« Englisch oder Deutsch zu lernen.

Wie das Gehirn analysiert wird

In den neunziger Jahren dieses Jahrhunderts wurden die Gehirn-Scanner so weit verbessert, daß es heute möglich ist, Gehirnaktivitäten live auf einem Bildschirm zu verfolgen. Dazu werden PET-Scanner (Positronen-Emissions-Tomographen) und Kernspintomographen eingesetzt. Marcus Raichle von der School of Medicine an der Washington University hat gemessen, welche Gehirnbereiche eine erhöhte Stoffwechselaktivität aufwiesen, um die Regionen zu ermitteln, die für spezielle Fertigkeiten oder Tätigkeiten zuständig sind.

Im Jahre 1995 führte an der Yale University ein von Dr. Bennett und Dr. Sally Shaywitz geleitetes Wissenschaftlerteam Tests an Männern und Frauen durch, um herauszufinden, in welchem Teil des Gehirns Reime gebildet werden. Unter Zuhilfenahme der Kernspintomographie, mit der minimale Änderungen in der Blutzufuhr zu den unterschiedlichen Teilen des Gehirns sichtbar gemacht werden können, fanden sie die Bestätigung dafür, daß bei Männern vor allem die linke Gehirnhälfte für die Sprache zuständig ist, während bei Frauen dafür beide Gehirnhälften eingesetzt werden. Diese und zahllose andere, ebenfalls in den neunziger Jahren durchgeführten Experimente zeigen deutlich, daß das weibliche und das männliche Gehirn unterschiedlich arbeiten.

Untersuchungen haben ferner ergeben, daß sich die linke Gehirnhälfte eines Mädchens schneller entwickelt als die eines Jungen. Das bedeutet, daß Mädchen eher und besser als Jungen sprechen und lesen und Fremdsprachen schneller erlernen können. Es ist auch der Grund dafür, daß die Wartezimmer der Logopäden zum Bersten voll sind mit Jungen und nicht mit Mädchen.

Bei Jungen wiederum entwickelt sich die rechte Gehirnhälfte schneller als bei Mädchen, wodurch sich ihre räumlich-visuelle und logische Wahrnehmung besser entfalten kann. Jungen sind Asse in der Mathematik, im Bauen, bei Puzzles und beim Lösen von Problemen, alles Dinge, die sie viel früher als Mädchen beherrschen.

Es mag ja »in« sein vorzugeben, daß die Unterschiede zwischen den Geschlechtern nur minimal beziehungsweise irrelevant seien, die Tatsachen sprechen jedoch eindeutig dagegen. Leider leben wir heutzutage in einem gesellschaftlichen Umfeld, das auf Teufel komm raus darauf beharrt, daß Männer und Frauen gleich seien – obwohl es unzählige, erdrückende Beweise dafür gibt, daß wir unterschiedlich programmiert und im Laufe der Evolution mit deutlich unterschiedlichen angeborenen Fähigkeiten und Neigungen ausgestattet worden sind.

Warum die Verknüpfungen im weiblichen Gehirn besser sind

Die linke und die rechte Gehirnhälfte sind durch einen Nervenfaserstrang miteinander verbunden, der als Corpus callosum oder Balkenkörper bezeichnet wird. Dieser Balken ermöglicht die Kommunikation und den Informationsaustausch zwischen den beiden Gehirnhälften.

Stellen Sie sich vor, Sie haben zwei Computer auf den Schultern, die durch ein Schnittstellenkabel miteinander verbunden sind. Dieses Kabel heißt Corpus callosum.

Der Neurologe Roger Gorski an der University of California in Los Angeles hat bestätigt, daß das weibliche Gehirn ein dickeres Corpus callosum hat als das männliche und daß beim weiblichen bis zu dreißig Prozent mehr Verbindungen zwischen der linken und der rechten Gehirnhälfte bestehen. Er hat auch nachgewiesen, daß bei Frauen und Männern, die gleiche Aufgaben ausführen, unterschiedliche Bereiche des Gehirns in Aktion treten.

Untersuchungen haben ebenfalls ergeben, daß das weibliche Geschlechtshormon Östrogen Nervenzellen anregt, mehr Ver-

bindungen in und zwischen den beiden Gehirnhälften herzustellen. Studien zeigen, daß man um so sprachfertiger ist, je
mehr Verbindungen man im Gehirn hat. Die höhere Anzahl an
Verbindungen erklärt auch die Fähigkeit der Frau, mehrere, in
keinem Zusammenhang zueinander stehende Tätigkeiten gleichzeitig auszuführen. Sie wirft außerdem ein neues Licht auf die
weibliche Intuition. Wie bereits oben beschrieben, verfügt eine
Frau über ein größeres Sensorium als ein Mann, und das ist,
zusammen mit der Vielzahl der Faserverbindungen zwischen den
beiden Gehirnhälften für den raschen Informationsaustausch, der
Grund dafür, daß eine Frau auf intuitiver Ebene in Sekunden-
schnelle so zahlreiche – und treffende – Urteile über Menschen
und Situationen abgeben kann.

Reden und Zuhören

Warum Frauen so gut reden können

Bei Frauen gibt es einen abgegrenzten Gehirnbereich für die Sprache, der sich hauptsächlich in der vorderen linken Gehirnhälfte befindet, und einen kleineren Gehirnbereich in der rechten Hemisphäre. Diese Verteilung auf beide Gehirnhälften macht Frauen zu guten Gesprächspartnern. Sie reden gern und viel; da sie spezielle Sprachzentren im Gehirn haben, ist der Rest des Gehirns für andere Aufgaben frei. Frauen können deswegen gleichzeitig reden und etwas anderes tun.

Neuere Untersuchungen haben ergeben, daß ein Baby bereits im Mutterleib die Stimme seiner Mutter erkennt, wahrscheinlich aufgrund der Resonanz durch den Körper der Mutter. Ein vier Tage altes Baby kann die Sprachmuster der Muttersprache von denen einer Fremdsprache unterscheiden. Mit vier Monaten können Babys Lippenbewegungen erkennen, mit denen man Vokale formt. Noch vor ihrem ersten Geburtstag beginnen sie, ein Wort mit einer bestimmten Bedeutung zu verbinden. Wenn das Kind 18 Monate alt ist, verfügt es bereits über einen kleinen Wortschatz, der im Alter von zwei Jahren bei Mädchen auf bis zu 2000 Wörter angewachsen ist. Sowohl intellektuell als auch körperlich gesehen ist das eine reife Leistung, wenn man es mit den Lernfähigkeiten eines Erwachsenen vergleicht.

Da es bei Mädchen ein eigenes Sprachzentrum im Gehirn gibt, lernen sie Fremdsprachen müheloser und schneller als Jungen. Es erklärt auch, warum Mädchen besser in Grammatik, Zeichensetzung und Rechtschreibung sind. In den 25 Jahren, die wir im Ausland Seminare gehalten haben, wurde uns nur selten ein männlicher Dolmetscher an die Seite gegeben – die meisten waren Frauen.

Warum Frauen nicht ohne Reden auskommen

Männergehirne sind stark in einzelne Bereiche unterteilt und können Informationen trennen und speichern. Am Ende eines problemreichen Tages kann ein Männergehirn die ganzen Probleme einfach in Schubladen ablegen. Das weibliche Gehirn dagegen kann Informationen nicht in der gleichen Weise ablegen – die Probleme spuken einer Frau unweigerlich weiter im Kopf herum.

Die einzige Art und Weise, wie eine Frau ihre Probleme loswerden kann, ist, sie zur Kenntnis zu nehmen, indem sie darüber redet. Wenn eine Frau also am Ende eines Tages redet, sucht sie keine Lösungen und will auch keine Schlüsse ziehen, sie will sich einfach nur ihre Probleme von der Seele reden.

Die Hormonverbindung

Die Wissenschaftlerin Elizabeth Hanson von der University of Ontario hat eine Studie über den Zusammenhang zwischen der Leistungsfähigkeit einer Frau und dem Östrogenspiegel in ihrem Blut durchgeführt. Hanson fand heraus, daß ein niedriger Testosteronspiegel das räumliche Vorstellungsvermögen einer Frau ungünstig beeinflußt, während ein hoher Östrogenspiegel ihre Ausdrucksfähigkeit und ihre feinmotorischen Fähigkeiten positiv beeinflußt. Das erklärt, warum eine Frau während ihres Zyklus an den Tagen mit hohem Östrogenspiegel ruhig und gelassen ist und sich klar und verständlich ausdrücken kann. Umgekehrt ist ihre Ausdrucksfähigkeit an den Tagen mit hohem Testosteronspiegel nicht besonders gut, dafür ist ihr räumliches Vorstellungsvermögen besser. Sie schafft es dann vielleicht nicht, einen Mann mit einer wohlplazierten Bemerkung abzukanzeln. Dafür könnte sie ihn aus zwanzig Metern Entfernung mit einer Bratpfanne treffen.

Frauen reden einfach gern

Wenn Frauen beieinandersitzen, um sich einen Film anzuschauen, reden sie normalerweise alle gleichzeitig über eine Vielfalt von Themen, unter anderem über ihre Kinder, Männer, Karrieren und was sich sonst noch so in ihrem Leben ereignet. Wenn Männer und Frauen sich gemeinsam einen Film ansehen, endet das in der Regel damit, daß die Männer die Frauen verärgert auffordern, endlich mit dem Geschnatter aufzuhören. Männer können entweder reden *oder* einen Film anschauen, nicht beides auf einmal, und sie verstehen auch nicht, wie Frauen das können. Frauen ihrerseits sehen den Sinn des Beisammenseins darin, sich zu amüsieren und Beziehungen zu festigen, nicht darin, wie Fische stumm nebeneinanderzusitzen und mit weit aufgerissenen Augen auf einen Bildschirm zu glotzen.

Frauen denken laut

»Meine Frau macht mich wahnsinnig, wenn sie ein Problem hat oder darüber redet, was sie an diesem Tag alles vorhat«, berichtete ein Mann auf einem unserer Seminare. »Sie zählt laut die verschiedenen Möglichkeiten und die voraussichtlich Beteiligten auf, was sie noch machen muß und wohin sie noch gehen wird. Das lenkt so ungeheuer ab, daß ich mich auf überhaupt nichts mehr konzentrieren kann!«

Das weibliche Gehirn ist auf das Verwenden von Sprache als wichtigstes Ausdrucksmittel programmiert, und darin liegt eine seiner Stärken. Wenn ein Mann fünf oder sechs Sachen zu erledigen hat, wird er sagen: »Ich habe noch ein paar Dinge zu tun. Wir sehen uns später!« Eine Frau dagegen wird jede Sache einzeln und in willkürlicher Reihenfolge aufzählen und dabei alle Möglichkeiten und Eventualitäten erwähnen, und das in voller Lautstärke. Das hört sich ungefähr so an: »Also, zuerst muß ich zur Reinigung und die Klamotten abholen. Das Auto muß gewaschen werden. Ach, übrigens, Peter hat angerufen, du sollst ihn zurückrufen. Dann hole ich das Paket von der Post ab. Eigentlich könnte ich auch . . . « Und das ist einer der Gründe, warum Männer Frauen vorwerfen, daß sie zuviel reden.

Die Nachteile lauten Denkens

Frauen empfinden lautes Denken als freundliche Geste. Sie lassen damit andere an ihren Gedanken teilhaben. Doch Männer sehen das anders. Ein Mann meint, daß eine Frau ihm eine Liste mit Problemen vorlegt, die er für sie lösen soll, und so beginnt er sich Sorgen zu machen, regt sich auf oder versucht, ihr zu sagen, was sie tun soll. In einer geschäftlichen Besprechung halten Männer eine Frau, die laut denkt, für zerstreut, undiszipliniert oder dumm. Um einen Mann in derartigen Situationen zu beeindrucken, muß eine Frau ihre Gedanken für sich behalten und darf nur ihre Schlußfolgerungen laut äußern. In einer Beziehung müssen beide Partner lernen, mit der unterschiedlichen Art ihres Partners, Probleme zu lösen, umzugehen. Männer müssen lernen, daß eine Frau nicht unbedingt Problemlösungen von ihm erwartet, wenn sie ihm etwas erzählt. Und Frauen müssen lernen, daß durchaus alles in Ordnung sein kann, wenn ein Mann nicht den Mund aufmacht.

Für Männer ist das Telefon ein Apparat, mit dessen Hilfe sie anderen Leuten Fakten und Informationen übermitteln; eine Frau sieht im Telefon ein Mittel, um Beziehungen zu pflegen. Eine Frau kann zwei Wochen mit ihrer besten Freundin im Urlaub gewesen sein, aber, sobald sie wieder zu Hause ist, nach dem Telefonhörer greifen, um mit derselben Freundin noch mal zwei Stunden am Telefon zu quatschen.

Es gibt keine hinreichenden Beweise dafür, daß Mädchen mehr reden als Jungen, weil sie durch ihre Umgebung darauf getrimmt wurden, etwa weil ihre Mütter mehr mit ihnen redeten. Der Psychiater Dr. Michael Lewis, Autor von *Social Behaviour and Language Acquisition*, hat Experimente durchgeführt, die ergaben, daß Mütter ihre kleinen Töchter häufiger als ihre kleinen Söhne anblicken und zu ihnen sprechen. Es gibt wissenschaftliche Beweise dafür, daß Eltern auf den geschlechtsspezifischen Unterschied im Gehirn ihrer Kinder reagieren. Da das Gehirn eines Mädchens besser dafür eingerichtet ist, Sprachsignale auszusenden und zu empfangen, reden wir auch häufiger mit dem Mädchen. Wenn Mütter aber versuchen, mit ihren Söhnen zu sprechen, werden sie in der Regel von deren kurzen, sich häufig in Grunzlauten erschöpfenden Antworten enttäuscht.

Frauen reden, Männer fassen es als Nörgeln auf

Beziehungen durch Reden aufzubauen und zu festigen hat absolute Priorität in der Programmierung des weiblichen Gehirns. Eine Frau kann mühelos zwischen 6000 und 8000 Wörter am Tag von sich geben. Außerdem setzt sie zwischen 2000 und 3000 Tongeräusche zur Kommunikation ein sowie 8000 bis 10 000 Gesten, Gesichtsausdrücke, Kopfbewegungen oder andere Körpersignale. Zusammengerechnet sind das im Durchschnitt mehr als 20 000 »Kommunikationsträger« pro Tag, mit denen sie ihre Botschaften übermittelt. Das erklärt auch die kürzliche Nachricht der British Medical Association, daß Frauen viermal so häufig an Kieferproblemen leiden wie Männer.

Vergleichen Sie das tägliche »Geplapper« einer Frau mit dem eines Mannes: Er gibt gerade mal zwischen 2000 und 4000 Wörter und 1000 bis 2000 Tongeräusche von sich, und die Signale seines Körpers beschränken sich auf 2000 bis 3000 pro Tag. Zusammengerechnet sind das im Durchschnitt nur etwa 7000 »Kommunikationsträger« – etwas mehr als ein Drittel von dem, was eine Frau täglich von sich gibt.

Dieser Unterschied im Sprachverhalten wird vor allem am Ende eines Tages offensichtlich, wenn eine Frau und ein Mann sich zum Abendessen zusammensetzen. Er hat bereits sein tägliches Pensum von 7000 Kommunikationsträgern erfüllt und verspürt keinerlei Bedürfnis mehr, sich zu unterhalten. Am liebsten würde er sich jetzt wie seine Vorfahren vor ein Feuer setzen und schweigend in die Flammen starren. Ihr Zustand dagegen hängt davon ab, was sie den Tag über gemacht hat. Wenn sie den ganzen Tag lang mit Leuten geredet hat, kann es sein, daß sie bereits ihre 20 000 »Wörter« aufgebraucht und ebenfalls wenig Lust zum Reden hat. Wenn sie dagegen kleine Kinder hat und den Tag über mit ihnen zu Hause war, kann sie froh sein, wenn sie 2000 bis 3000 »Wörter« losgeworden ist. Sie hat also noch über 15 000, die aus ihr raus müssen! Wir alle kennen nur zu gut den Ärger abends am Eßtisch.

Tausende von Frauen überall auf der Welt sind sich in einem Punkt einig: Wenn eine Frau am Ende eines Tages ihre ganzen unausgesprochenen Wörter endlich von sich gibt, will sie nicht mit Lösungsvorschlägen zu ihren Problemen unterbrochen werden.

Die gute Neuigkeit für die Männer: Sie müssen nicht antworten, sie sollen nur zuhören. Wenn eine Frau sich alles von der Seele geredet hat, fühlt sie sich erleichtert und glücklich. Obendrein wird sie auch noch denken, daß Sie ein wunderbarer Mann sind, weil Sie ihr zugehört haben, und so bestehen gute Chancen, daß Sie einen angenehmen Abend verbringen werden.

Über die Probleme des Alltags zu reden, ist eine Art der modernen Frau, mit Streß umzugehen. Frauen empfinden diesen Austausch als beziehungsstärkend, er gibt ihnen Halt. Das ist auch der Grund, warum sich hauptsächlich Frauen an Beratungsstellen wenden und warum die meisten Lebensberater Frauen sind, die geschult wurden, zuzuhören.

Frauen sind mehrspurig veranlagt

Weil bei Frauen ein großer Informationsaustausch zwischen linker und rechter Gehirnhälfte stattfindet und sie darüber hinaus über eigene Sprachzentren im Gehirn verfügen, können sie in der Regel über mehrere Themen gleichzeitig reden – und das manchmal sogar in einem einzigen Satz. Diese Art des Redens gleicht ein wenig dem Jonglieren mit drei oder vier Bällen, und die meisten Frauen scheinen das mühelos zu beherrschen. Und nicht nur das – Frauen können mit den unterschiedlichsten Themen auch mit anderen Frauen zusammen jonglieren, die ihrerseits genau das gleiche tun – und keine von ihnen scheint jemals einen einzigen »Ball« zu Boden fallen zu lassen.

Nach dem Gespräch ist dann jede Frau über die unzähligen Themen, die betreffenden Ereignisse und deren Bedeutung voll im Bilde. Dieses Mehrspurfahren der Frau ist für einen Mann ziemlich frustrierend, denn das männliche Gehirn ist ein einspuriges System. Wenn ein paar Frauen zusammensitzen und die unterschiedlichsten Themen auf mehreren Ebenen bearbeiten, können sie damit einen Mann vollkommen verwirren und regelrecht benommen machen.

Eine Frau fängt manchmal an, über ein bestimmtes Thema zu reden, schaltet dann mitten im Satz zu einem gänzlich anderen um und kehrt, ohne Vorwarnung, zum ersten zurück, dem sie sicherheitshalber noch ein paar vollkommen neue Elemente hinzufügt. Männer sind spätestens bei der dritten unerwarteten Wendung total rat- und hilflos.

Was Gehirn-Scans zeigen

Gehirn-Scans belegen, daß bei Frauen, die reden, sowohl das Sprachzentrum der vorderen linken Gehirnhälfte als auch das der vorderen rechten Gehirnhälfte aktiv ist. Gleichzeitig sind die Hörfunktionen aktiv. Diese beeindruckende Tatsache versetzt eine Frau in die Lage, gleichzeitig reden und zuhören zu können, und zwar auch dann, wenn es um vollkommen unterschiedliche Themen geht. Männer waren baff, als sie zum ersten Mal erfuhren, daß Frauen diese Fähigkeit besitzen, dachten sie doch immer,

Frauen wären nichts weiter als ein wild durcheinanderschnatterndes Volk.

Wegen ihres Redeflusses sind Frauen seit Jahrtausenden Zielscheibe männlichen Spotts. Rund um den Erdball hören wir Männer immer die gleichen Worte sagen: »Sieh dir nur die Frauen an, wie sie alle auf einmal reden, blablabla, und keine hört der anderen zu!« Chinesen, Deutsche und Norweger bekritteln das genauso wie Afrikaner und Eskimos.

Wie man am besten mit Männern redet

Männer unterbrechen einander normalerweise nur, wenn sie aggressiv werden oder sich gegenseitig zu übertrumpfen versuchen. Wenn man mit einem Mann reden will, ist die einfachste Strategie die, ihn nicht zu unterbrechen, während er spricht. Eine harte Aufgabe für eine Frau, denn für sie bedeutet gleichzeitiges Reden, daß sie Interesse an dem Gespräch hat und ihr an der Beziehung gelegen ist! Eine Frau hat das Bedürfnis, das Gespräch auf mehreren Ebenen zu führen, um den Mann zu beeindrucken oder ihm zu zeigen, wie wichtig er ihr ist. Tut sie das allerdings, wird sie auf taube Ohren stoßen, denn er kann sie schlicht nicht hören. Auch wird er ihr diese in seinen Augen unhöfliche Unterbrechung übelnehmen.

»Hör endlich auf, mich dauernd zu unterbrechen!« schreien Männer Frauen auf der ganzen Welt und in jeder Sprache an. Die Sätze eines Mannes sind problemorientiert aufgebaut, und der Satz muß zu Ende gesprochen werden, sonst ist das Gespräch für einen Mann sinnlos. Er kann nicht mit mehreren Bällen gleichzeitig jonglieren, und wenn er sich mit jemandem unterhält, der das tut, hält er ihn für unhöflich oder zerstreut. Diese Denkweise ist einer Frau fremd. Und so kommt es, daß sich in einer typischen Unterhaltung zwischen einer Frau und einem Mann die Gemüter so erhitzen, daß der Mann schließlich – am Ende seiner Geduld – verbal zurückschlägt: In 76 Prozent aller Fälle unterbricht ein Mann seine Redepartnerin mitten im Satz!

Frauen zeigen mit Wörtern Anerkennung

Eine Frau verwendet Wörter, um Anteilnahme zu zeigen, Gemeinschaft herzustellen und Beziehungen zu festigen. Wörter sind deswegen für sie so etwas wie eine Belohnung. Wenn sie jemanden mag, ihm abkauft, was er sagt, oder seine Freundin / Vertraute sein will, wird sie viel mit ihm reden. Der umgekehrte Fall gilt natürlich genauso. Manchmal redet sie nicht mit einer Person, die sie bestrafen oder wissen lassen will, daß sie sie nicht mag. Frauen sind gut darin, jemanden mit Schweigen zu strafen, und die Drohung einer Frau: »Ich werde nie wieder ein Wort mit dir reden!« sollte man als Mann unbedingt ernst nehmen!

Der durchschnittliche Mann braucht zirka neun Minuten, um zu kapieren, daß eine Frau ihn durch Schweigen bestraft. Bis die Neun-Minuten-Grenze erreicht ist, betrachtet er ihr Schweigen noch als eine Art Bonus: Endlich bekommt er mal ein bißchen »Ruhe und Frieden«.

Frauen sind indirekt

Die Ausdrucksweise einer Frau ist indirekt, das heißt, sie deutet das, was sie will, nur an oder redet eben »um den heißen Brei herum«. Diese indirekte Ausdrucksweise ist eine weibliche Spezialität und dient einem ganz bestimmten Zweck: Sie hilft, Beziehungen zu festigen, indem Aggressionen, Konfrontationen und Unstimmigkeiten vermieden werden. Sie paßt perfekt zum allgemeinen Wesen der »Nesthüterin«, deren Harmoniebestreben gemeinschaftsfördernd ist.

Das Gehirn der Frau ist »vorgangsorientiert«. Frauen lieben den Vorgang des miteinander Redens. Männer finden diesen Mangel an Struktur und Zielstrebigkeit äußerst verwirrend und werfen Frauen vor, sie wüßten nicht, wovon sie sprächen. Im Arbeitsleben kann sich die indirekte Ausdrucksweise katastrophal für Frauen auswirken, weil Männer keiner auf mehreren Ebenen ablaufenden, indirekten Unterhaltung folgen können. Im schlimmsten Fall werden die Vorschläge, Anliegen oder Karrierebestrebungen einer Frau aus diesem Grunde abgelehnt. Für das Anknüpfen und Festigen von Beziehungen ist die indirekte Ausdrucksweise sicherlich hervorragend geeignet. Doch wenn erst einmal Autos zusammenstoßen oder Flugzeuge abstürzen, weil der Fahrer oder der Pilot sich nicht im klaren darüber war, was ihm eigentlich gesagt wurde, verkehrt sich dieser Vorteil schnell ins Gegenteil.

In der indirekten Ausdrucksweise werden in der Regel viele abschwächende Begriffe verwendet, wie beispielsweise »oder so«, »also, na ja« und »ein bißchen«. Stellen Sie sich mal vor, was passiert wäre, wenn der britische Premierminister Winston Churchill, der während des Zweiten Weltkrieges in England an der Macht war, die indirekte Ausdrucksweise gewählt hätte, um die Alliierten gegen die Hitler-Bedrohung zu mobilisieren. Das hätte sich dann ungefähr so angehört: »Wir werden sie mal an den Stränden bekämpfen, oder so, wir werden sie ein bißchen auf dem Land bekämpfen, wir werden uns, also, na ja, nie ergeben, sozusagen.« Auf diese Art »mobilisiert«, hätten sie vielleicht sogar den Krieg verloren.

Wenn eine Frau diese indirekte Ausdrucksweise im Gespräch mit einer anderen Frau verwendet, gibt es keine Probleme. Frauen haben Antennen dafür, die versteckten Botschaften aufzufangen. Im Gespräch mit Männern hingegen kann diese Ausdrucksweise verheerende Auswirkungen haben, weil der Sprachstil von Männern sehr direkt ist und sie alles wörtlich auffassen. Doch mit Geduld und Übung können Frauen und Männer lernen, sich trotzdem zu verstehen.

Die Sprache der Frauen ist emotional, die der Männer wörtlich

Da das Vokabular keinen übertrieben hohen Stellenwert im Gehirn einer Frau einnimmt, verleitet sie das häufig zu der Annahme, die genaue Definition von Wörtern sei irrelevant. Und so nimmt sie sich dann dichterische Freiheiten heraus und scheut auch nicht davor zurück, mal ein wenig dick aufzutragen – des besseren Effekts wegen. Männer nehmen allerdings jedes Wort, das aus ihrem Mund kommt, für bare Münze und reagieren dementsprechend.

Bei einer Auseinandersetzung versucht der Mann, die von einer Frau verwendeten Wörter zu definieren, um so »gewinnen« zu können. Kommt Ihnen folgende Auseinandersetzung bekannt vor?

Robyn: »Du hast *immer* etwas auszusetzen an dem, was ich sage!«

John: »Was soll das heißen, *immer*? Deinen letzten beiden Argumenten habe ich doch zugestimmt, oder etwa nicht?«

Robyn: »Du bist *nie* meiner Meinung, und du willst *immer* recht haben!«

John: »Das ist überhaupt nicht wahr! Ich bin nicht *nie* deiner Meinung! Heute morgen war ich mit dir einer Meinung, gestern abend war ich mit dir einer Meinung, und letzten Samstag war ich auch einer Meinung mit dir, also kannst du nicht behaupten, daß ich *nie* deiner Meinung wäre!«

Robyn: »Das sagst du *jedes* Mal, wenn ich das Thema anschneide!«

John: »Das ist doch gelogen! Ich sage das nicht *jedes* Mal!«

Robyn: »Außerdem berührst du mich auch *nur*, wenn du Sex willst!«

John: »Jetzt hör endlich auf zu übertreiben! Ich berühre dich nicht *nur*, wenn ...«

Sie zählt weitere Argumente auf und versucht, ihn auf emotionaler Ebene zu schlagen. Er fährt fort, ihre Aussagen zu definieren. Die Auseinandersetzung nimmt dann irgendwann solche Ausmaße an, daß sie sich weigert, weiter mit ihm zu reden, oder aber er stampft wutschnaubend von dannen, um allein zu sein. Um erfolgreich argumentieren zu können, muß ein Mann sich darüber im klaren sein, daß eine Frau Wörter verwendet, die sie eigentlich gar nicht so meint, folglich sollte er sie auch nicht wörtlich nehmen oder definieren wollen. Wenn beispielsweise eine Frau sagt: »Wenn ich neben einer Frau säße, die das gleiche Kleid trägt wie ich, würde ich einfach sterben! Es gibt nichts Schlimmeres!«, dann meint sie natürlich nicht wirklich, daß es *nichts Schlimmeres* gäbe, oder daß sie damit rechnet, dann zu *sterben*. Ein Mann mit seiner Neigung, alles wörtlich zu nehmen, antwortet unter Umständen: »Nein, du wirst nicht daran sterben. Es gibt Schlimmeres, als das gleiche Kleid zu tragen wie eine andere Frau!«, was in den Ohren einer Frau sarkastisch klingt. Allerdings sollte eine Frau auch lernen, daß sie im Gespräch mit einem Mann logisch argumentieren muß, wenn sie gewinnen will, und daß sie ihm nie mehr als ein Argument gleichzeitig an den Kopf werfen darf, über das er nachdenken soll.

Wie Frauen zuhören

In aller Regel kann eine Frau innerhalb von zehn Sekunden durchschnittlich sechs verschiedene Gesichtsausdrücke annehmen, mit denen sie auf die Gefühle des Sprechers reagiert. Auf ihrem Gesicht spiegeln sich die Gefühle wider, die gerade ausgedrückt werden. Für einen unbeteiligten Zuschauer kann das so aussehen, als ob die Ereignisse, die eine Frau erzählt, beiden Frauen zustießen.

Eine Frau liest die Bedeutung dessen, was gesagt wird, aus dem Tonfall der Stimme und der Körpermimik des Sprechers heraus. Genau das muß ein Mann tun, der die Aufmerksamkeit einer Frau fesseln und sie zum weiteren Zuhören bewegen will. Die meisten Männer resignieren bei dem Gedanken, ihre Beteiligung beim Zuhören durch ihr Mienenspiel ausdrücken zu sollen. Es zahlt sich für den Mann jedoch aus, sich diese Kunst zu eigen zu machen.

Die Schulmädchenstimme

Die wenigsten Frauen müssen Doktor der Evolutionsbiologie sein, um zu wissen, welche durchschlagende Wirkung es auf einen Mann haben kann, wenn sie in den höchsten Tönen zu ihm säuseln. Eine hohe Stimme deutet auf einen hohen Östrogenspiegel im Blut hin, und ihr mädchenhafter Klang spricht den Beschützerinstinkt eines Mannes an. Frauen dagegen schätzen an Männern eine tiefe Baßstimme, weist diese doch auf einen hohen Testosteronspiegel hin, was wiederum auf hohe Potenz schließen läßt. Dieser Sprung in die tieferen Oktaven geschieht bei Jungen während der Pubertät, wenn ihre Körper mit Testosteron überschwemmt werden und sie in den Stimmbruch kommen. Wenn eine Frau plötzlich höher spricht als normal und ein Mann seine

Stimme um noch ein paar Stufen tiefer rutschen läßt, ist das ein ziemlich eindeutiges Zeichen dafür, daß die beiden es aufeinander abgesehen haben. Wir wollen damit keineswegs andeuten, daß sich Frauen und Männer so verhalten *sollten*, sondern wir erklären nur, was tatsächlich geschieht.

Es ist wichtig zu wissen – und das wird auch in Studien laufend bestätigt –, daß eine Frau mit einer tieferen Stimme im Geschäftsleben für intelligenter, respekteinflößender und glaubwürdiger gehalten wird. Eine tiefere Stimme kann man erzielen, indem man sein Kinn senkt und langsamer und weniger moduliert redet. Viele Frauen, die mehr Autorität erlangen wollen, sprechen fälschlicherweise mit einer höheren Stimme, was sie aggressiv erscheinen läßt. Interessant zu beobachten ist, daß übergewichtige Frauen oft die »Schulmädchenstimme« einsetzen, um ihre Körperfülle zu kompensieren, und andere sie verwenden, um den Beschützerinstinkt bei den von ihnen begehrten Männern zu wecken.

Räumliches Vorstellungsvermögen, Ziele und das Einparken

Sexistisches Denken

Die Fähigkeit, Karten zu lesen, und das Verständnis dafür, wo man sich nun gerade befindet, hängt von dem räumlichen Vorstellungsvermögen einer Person ab. Gehirn-Scans haben ergeben, daß es bei Männern und Jungen in der rechten vorderen Gehirnhälfte angesiedelt und eine der am stärksten ausgebildeten Regionen des männlichen Gehirns ist. Es hat sich zu Urzeiten herausgebildet, damit Männer – die Jäger – Geschwindigkeit, Bewegung und Entfernung von Beutetieren abschätzen konnten und wußten, wie schnell sie laufen mußten, um ihre Beute zu fangen, und wieviel Kraft sie anwenden mußten, um ihr Mittagessen mit einem Felsbrocken oder einem Speer zu erlegen. Das räumliche Vorstellungsvermögen ist bei Frauen in beiden Gehirnhälften angesiedelt, kennt allerdings keinen meßbaren Bereich, wie das bei Männern der Fall ist. Lediglich um die zehn Prozent aller Frauen haben ein gutes bis ausgezeichnetes räumliches Vorstellungsvermögen.

Einigen Lesern werden diese Untersuchungen sexistisch vorkommen, weil wir die Stärken und Fähigkeiten beschreiben, bei denen Männer besser abschneiden, und die Tätigkeiten, bei denen die Natur ihnen einen deutlichen Vorteil gegenüber Frauen eingeräumt hat. Weiter unten werden wir jedoch auch auf die Bereiche zu sprechen kommen, wo die Frauen die Oberhand haben.

Das räumliche Vorstellungsvermögen

Das räumliche Vorstellungsvermögen schließt die Fähigkeit ein, sich die Form, die Maße, die Koordinaten, die Proportionen, die Bewegung und die Lage von Dingen vorzustellen. Weiterhin umfaßt es die Fähigkeit, sich vorzustellen, wie ein Gegenstand im Raum gedreht wird, wie man Hürden umgeht und wie man Dinge aus einer 3D-Perspektive wahrnimmt. Das ursprüngliche Ziel dabei war, die Bewegung eines Zielobjektes einzuschätzen, um zu wissen, wie man es erlegen kann.

Die Psychologieprofessorin Dr. Camilla Benbow von der Iowa State University hat zur Untersuchung des räumlichen Vorstellungsvermögens die Gehirn-Scans von mehr als einer Million Mädchen und Jungen analysiert und herausgefunden, daß bereits im zarten Alter von vier Jahren die geschlechtsspezifischen Unterschiede bemerkenswert sind. Ihre Untersuchungen ergaben, daß Mädchen hervorragend zweidimensionale Bilder in ihrem Gehirn wahrnehmen können, während Jungen außerdem noch über die Fähigkeit verfügen, eine dritte Dimension zu erkennen: die Tiefe. Bei dreidimensionalen Videotests waren die Jungen den Mädchen in puncto räumliches Vorstellungsvermögen in einem Verhältnis von 4:1 überlegen, und die besten Mädchen wurden noch häufig genug von den Jungen übertroffen, die bei den Tests am schlechtesten abgeschnitten hatten. Bei Männern ist das räumliche Vorstellungsvermögen eine eigene Gehirnfunktion, die in mindestens vier Bereichen der rechten vorderen Gehirnhälfte angesiedelt ist. Da Frauen keinen eigenen Bereich für das räumliche Vorstellungsvermögen haben, bedeutet das, daß sie in der Regel über eher bescheidene räumlich-visuelle Fähigkeiten verfügen. Deswegen macht es Frauen auch keinen Spaß, sich mit Tätigkeiten zu beschäftigen, die eben diese Fähigkeiten erfordern, und sie wählen selten Berufe oder Freizeitbeschäftigungen, für die sie notwendig sind.

Ganz anders die Jungen und Männer: Sie haben einen eigenen Bereich für das räumliche Vorstellungsvermögen und sind folglich auch gut in allen Tätigkeiten, bei denen diese Fähigkeiten benötigt werden. Deswegen wählen sie häufig Berufe und Sportarten, für die räumliches Denken erforderlich ist. Bei Männern handelt es sich dabei auch um den Gehirnbereich, mit dem sie Probleme lösen. Das räumliche Vorstellungsvermögen ist bei Mädchen und Frauen nicht besonders stark ausgeprägt, weil die Fähigkeit, Tiere zu jagen und den Weg zurück nach Hause zu finden, niemals zum Aufgabengebiet der Frauen gehörte. Deswegen haben auch viele Frauen Probleme, eine Straßenkarte oder einen Stadtplan zu lesen.

Wie Frauen sich zurechtfinden

»Wenn Männer die Karten anders machen würden, müßten wir sie nicht auf den Kopf stellen«, behaupten viele Frauen. Die britische Kartographiegesellschaft allerdings weiß zu berichten, daß fünfzig Prozent ihrer Mitglieder Frauen sind und fünfzig Prozent derer, die Karten zeichnen und an ihnen arbeiten, ebenfalls. »Das Zeichnen von Karten ist eine zweidimensionale Aufgabe, bei der Frauen ebenso gut abschneiden wie Männer«, sagt der führende britische Kartograph Alan Collinson. »Für die meisten Frauen liegt die Schwierigkeit darin, die Karten zu lesen und sich mit ihnen zurechtzufinden, weil sie eine dreidimensionale Perspektive brauchen, um einen Weg zu finden. Ich entwerfe Karten für Touristen mit einer dreidimensionalen Perspektive – sie zeigen Bäume, Berge und andere Orientierungspunkte. Mit dieser Art Karte haben Frauen viel weniger Probleme. Unsere Tests haben ergeben, daß Männer die Fähigkeit haben, eine zweidimensionale Karte in ihrem Kopf in eine dreidimensionale Ansicht umzuwandeln, die wenigsten Frauen allerdings scheinen dazu in der Lage zu sein.«

Eine weitere höchst interessante Entdeckung war die, daß Männer sehr gut abschneiden, wenn sie mit einem Gruppenführer unterwegs sind, der ihnen an jedem Punkt einer bestimmten Route mündlich neue Richtungsanweisungen gibt. Wenn man dagegen Frauen mündliche Anweisungen gibt, führt das zu einer Katastrophe. Die Untersuchungen zeigen, wie Männer Lautsignale in dreidimensionale Karten umwandeln, mit denen sie sich vor ihrem inneren Auge die richtige Richtung und Route vorstellen können, während Frauen besser mit einer dreidimensionalen, perspektivischen Karte zurechtkommen.

Wie man Streit vermeidet

Männer fahren gerne schnell auf kurvenreichen Straßen, weil dabei ihre räumlichen Fähigkeiten gefordert werden: Übersetzungsverhältnis, Einsatz von Kupplung und Bremse, relative Kurvengeschwindigkeit, Winkel und Entfernungen.

Der moderne männliche Fahrer sitzt hinter dem Lenkrad, überreicht seiner Frau auf dem Beifahrersitz eine Karte und fordert sie auf, ihm den Weg zu weisen. Mit ihrem beschränkten räumlichen Vorstellungsvermögen wird sie ab dem Zeitpunkt, wo sie die Karte entfaltet, merkwürdig still, beginnt die Karte hin und her zu drehen und kommt sich dabei ziemlich bescheuert vor. Die wenigsten Männer verstehen, daß jemand, der keinen speziellen Gehirnbereich für das räumliche Drehen von Karten im Kopf hat, die Karte in den Händen drehen muß. Für eine Frau ist es absolut logisch, daß sie die Karte in der Richtung hält, in die sie fährt. Wenn ein Mann also Streit vermeiden will, sollte er seine Frau nicht bitten, eine Straßenkarte für ihn zu lesen.

Da sich bei Frauen das räumliche Vorstellungsvermögen auf beiden Seiten des Gehirns befindet, tritt es in Konflikt zu ihrer Sprachfunktion. Wenn Sie also einer Frau einen Stadtplan in die Hand drücken, wird sie zu reden aufhören, bevor sie ihn hin und her zu drehen beginnt. Wenn man einem Mann eine Karte reicht, wird er weiterreden – aber das Radio ausschalten, weil seine Hörfunktionen nicht zusammen mit seinen Kartenlesefähigkeiten einsatzbereit sind.

Frauen bearbeiten mathematische Probleme hauptsächlich in der linken Gehirnhälfte, was sie nicht nur langsamer beim Rechnen macht, sondern auch erklärt, warum so viele Frauen und Mädchen vor sich hin murmeln, wenn sie über einer mathematischen Funktion brüten. Auf der ganzen Welt hört man Männer, die Zeitung lesen, verzweifelt ausrufen: »Könntest du bitte mal leise rechnen? Wie soll ich mich da konzentrieren?«

Wie streitet man am besten während des Fahrens?

Ein Mann, der seiner Frau das Autofahren beibringen will, befindet sich auf dem besten Weg zum Scheidungsrichter. Auf der ganzen Welt hören sich die Anweisungen, die ein Mann einer Frau gibt, gleich an: »Links abbiegen – langsamer! – schalt runter – siehst du die Fußgänger dort? – konzentrier dich – hör auf zu heulen!« Wenn ein Mann Auto fährt, testet er dabei, wie gut sein räumliches Vorstellungsvermögen in der jeweiligen Umgebung funktioniert. Für eine Frau liegt der Sinn des Autofahrens darin, sicher von Punkt A nach Punkt B zu kommen. Das beste, was ein Mann auf dem Beifahrersitz tun kann, ist, seine Augen zu schließen, das Radio lauter zu drehen und sich seine Kommentare zu verkneifen, denn Frauen fahren generell sicherer als Männer. Sie wird ihn schon ans Ziel bringen, auch wenn es vielleicht ein wenig länger dauert. Aber wenigstens kann er sich entspannt zurücklehnen und wird heil und wohlbehalten ankommen.

Eine Frau kritisiert die Fahrweise eines Mannes, weil ihm sein räumliches Vorstellungsvermögen Entscheidungen und Einschätzungen ermöglicht, die in ihren Augen gefährlich sind. Abgesehen von den Fällen, in denen er nachweislich ein schlechter Fahrer ist, sollte auch sie sich entspannt zurücklehnen und ihn in Ruhe fahren lassen, statt ihn zu kritisieren.

Sobald der erste Regentropfen auf die Windschutzscheibe fällt, schaltet eine Frau den Scheibenwischer ein – eine Reaktion, die Männern vollkommen unverständlich ist. Ein Mann wartet so lange, bis die richtige Menge Regentropfen im Verhältnis zur Geschwindigkeit der Scheibenwischer auf die Windschutzscheibe trifft, und schaltet dann erst die Scheibenwischer ein. Mit anderen Worten, er setzt seine räumlichen Fähigkeiten ein.

Wie man einer Frau etwas schmackhaft macht

Einer Frau sollte man nie Richtungsangaben wie »Fahren Sie Richtung Süden« oder »Halten Sie sich fünf Kilometer lang westlich« geben, weil bei ihr der eingebaute Kompaß fehlt. Statt dessen sollte man sich lieber auf bekannte Orientierungspunkte beziehen: »Fahren Sie am McDonald's vorbei, und halten Sie sich dann Richtung Kreissparkasse.« Mit ihrem peripheren Sehvermögen kann eine Frau diese Orientierungspunkte leicht ausmachen. Bauunternehmern und Architekten rund um die Welt entgehen Millionen an Gewinn, weil sie weiblichen Entscheidungsträgern zweidimensionale Pläne und Entwürfe vorlegen. Das Gehirn eines Mannes kann den Plan in ein 3D-Bild umwandeln und sich vorstellen, wie das fertige Gebäude aussehen würde. Für eine Frau dagegen ist so ein Plan nichts weiter als ein Blatt Papier, auf dem Gebilde mit mysteriösem Linienverlauf zu sehen sind. Mit dreidimensionalen Modellen oder Computerbildern dagegen kann man Frauen Häuser verkaufen. Eine Frau muß sich nie wieder wie ein Idiot fühlen, wenn sie eine Straßenkarte vor sich hat: Sie soll sie einfach einem Mann geben, denn das Kartenlesen ist eindeutig Aufgabe der Männer!

Für einen Mann ist es wesentlich entspannender, selbst den Weg zu suchen, während er Auto fährt, und seine Frau über die interessanten Dinge, die sie rundherum sieht, reden zu lassen. Wie Sie ja bereits wissen, sind die verbalen Fähigkeiten eines Mannes denen einer Frau unterlegen, und da scheint es fast wie ausgleichende Gerechtigkeit, daß er statt dessen einen besseren Orientierungssinn hat. Das bedeutet, daß er problemlos den Weg zur Wohnung seiner neuen Freundin findet – und, wenn er vor ihrer Haustür steht, nicht weiß, was er sagen soll.

Das verflixte Einparken

Wenn man Sie auffordern würde, in einer Straße alle am Randstein geparkten Autos zu betrachten, wären Sie dann in der Lage, die Autos, die von Männern abgestellt wurden, von denen zu unterscheiden, die Frauen eingeparkt haben? Eine Untersuchung, die von einer englischen Fahrschule mit defensivem Fahrstil in Auftrag gegeben wurde, hat ergeben, daß in Großbritannien im Durchschnitt 82 Prozent der Männer exakt am Randstein parken und 71 Prozent ihr Auto beim ersten Versuch in die Parklücke manövrieren. Bei Frauen lag die Zielgenauigkeit bei 22 Prozent, und nur 23 Prozent schafften das Einparken auf

Anhieb. Eine ähnliche Untersuchung in Singapur ergab bei Männern 66 Prozent Zielgenauigkeit, 68 Prozent schafften das Einparken auf Anhieb. Von den Frauen hingegen parkten nur 19 Prozent exakt am Randstein, und lediglich zwölf Prozent schafften es beim ersten Versuch. Also aus dem Weg, wenn die Fahrerin aus Singapur ist! Die besten Einparker sind deutsche Männer: 88 Prozent schaffen es beim ersten Versuch.

Einparkstudien von Fahrschulen zeigen, daß Frauen während der Fahrstunden besser rückwärts einparken als Männer, doch Statistiken besagen, daß Frauen im »wirklichen Leben« schlechter abschneiden. Der Grund hierfür ist, daß Frauen leichter eine Aufgabe lernen und sie erfolgreich wiederholen können als Männer, vorausgesetzt, die Umgebung und die Bedingungen ändern sich nicht. Im normalen Straßenverkehr erfordert jedoch jede Situation eine neue Einschätzung der Lage, und das räumliche Vorstellungsvermögen der Männer ist besser für diese Aufgabe geeignet.

Die meisten Frauen ziehen es vor, ihr Auto in eine größere Parklücke einzuparken und dann zu ihrem Ziel zurückzulaufen, statt sich rückwärts in eine enge Lücke zu zwängen.

Gedanken, Verhaltensweisen, Gefühle und andere Katastrophengebiete

Unterschiedliche Formen der Wahrnehmung

Frauen und Männer nehmen ein und dieselbe Welt mit anderen Augen wahr. Ein Mann sieht Dinge und Gegenstände und ihre Beziehung zueinander durch die »räumliche« Brille, also etwa so, als ob er die Teile eines Puzzles zusammenlegen würde. Frauen nehmen ein größeres, weiter gestecktes Bild in sich auf, in dem sie auch winzige Details wahrnehmen können. Doch die einzelnen Teile des Puzzles und die Beziehung zwischen den einzelnen Teilen sind ihnen viel wichtiger als die räumliche Lage der Puzzleteile.

Männer wollen Ergebnisse, sie wollen Ziele erreichen, Status und Macht, die Konkurrenz schlagen und, ohne lange zu fackeln, zum Wesentlichen vordringen. Das Bewußtsein der Frauen konzentriert sich mehr auf Kommunikation, Zusammenarbeit, Harmonie, Liebe, das Miteinander und die Beziehungen der Menschen zueinander. Dieser Gegensatz ist so groß, daß es an ein wahres Wunder grenzt, daß sich Frauen und Männer überhaupt daran wagen, ein gemeinsames Leben zu versuchen.

Was moderne Frauen und Männer wollen

In einer kürzlich erschienenen Studie, die in fünf westlichen Ländern durchgeführt wurde, wurden Frauen und Männer gebeten, die Art Person zu beschreiben, die sie am liebsten sein würden. Männer verwendeten überwiegend Adjektive wie draufgängerisch, konkurrenzfähig, leistungsfähig, dominierend, entschlossen, bewundert und praktisch veranlagt. Aus der gleichen Liste wählten die Frauen Adjektive wie warmherzig, liebevoll, großzügig, mitfühlend, attraktiv, freundlich und wohltätig.

Ganz oben auf der Werteskala der Frauen lagen der Dienst am anderen und die Begegnung mit interessanten Menschen, während bei Männern Prestige, Macht und der Besitz von materiellen Gegenständen hoch im Kurs standen. Männer schätzen Dinge, Frauen Beziehungen. Die unterschiedlichen Vorlieben von Frauen und Männern werden von ihren unterschiedlichen Gehirnstrukturen bestimmt.

Gefühle im Gehirn

Die kanadische Forscherin Sandra Witleson hat an Frauen und Männern Untersuchungen durchgeführt, um den Sitz der Gefühle im Gehirn zu lokalisieren. Sie verwendete Bilder, die starke Gefühle hervorrufen. Zuerst wurden diese Bilder der rechten Gehirnhälfte über das linke Auge und das linke Ohr mitgeteilt und dann der linken Gehirnhälfte über das rechte Auge und das rechte Ohr. Witleson kam zu dem Schluß, daß der Sitz der Gefühle bei

Männern wie in Abbildung 1 liegt und bei Frauen wie in Abbildung 2. Zwar lassen sich Gefühlswahrnehmungen nicht so leicht auf eine bestimmte Gehirnregion festlegen wie das räumliche Vorstellungsvermögen oder die Sprach- und Sprechfertigkeiten. Doch haben Kernspintomographien ergeben, daß Gefühle ungefähr in den Gehirnregionen verarbeitet werden, die auf den Abbildungen eingezeichnet sind.

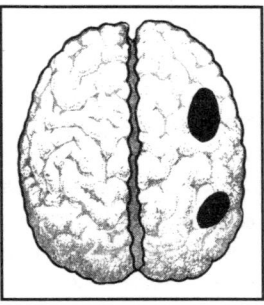 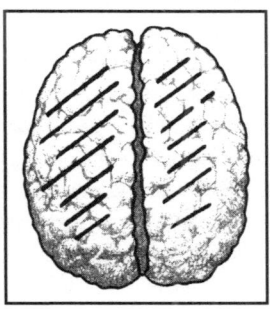

Abbildung 1:
Gefühlswahrnehmung
bei Männern

Abbildung 2:
Gefühlswahrnehmung
bei Frauen

Bei Männern befinden sich die Gefühle in der rechten Gehirnhälfte, was bedeutet, daß sie getrennt von anderen Gehirnfunktionen verarbeitet werden können.

Während einer Auseinandersetzung beispielsweise kann ein Mann logisch argumentieren und seine Argumentation verbal formulieren (linke Gehirnhälfte), um dann auf räumliche Lösungen umzuschalten (rechte vordere Gehirnhälfte), ohne daß er dabei emotional werden müßte. Es ist ungefähr so, als ob die Gefühle in einer kleinen dunklen Kammer eingesperrt wären. Das dünnere Corpus callosum eines Mannes verhindert auch, daß die Gefühle gleichzeitig mit anderen Gehirnfunktionen in Aktion treten. Eine Frau kann emotional werden, sobald sie über ein gefühlsbeladenes Thema spricht, während das bei einem Mann seltener vorkommt. Wenn es doch vorkommt, wird er sich in den meisten Fällen einfach weigern, weiter darüber zu sprechen. Auf diese Art und Weise kann er vermeiden, emotional zu werden oder den Anschein zu erwecken, nicht mehr Herr der Lage zu sein.

Im großen und ganzen können die Gefühle einer Frau gleichzeitig mit den meisten anderen Gehirnfunktionen aktiviert werden, was bedeutet, daß sie gleichzeitig weinen und einen platten Reifen wechseln kann, während für einen Mann das Wechseln eines Plattens eine Art Prüfung seiner Fähigkeiten ist, Probleme zu lösen, was bedeutet, daß seine Augen trocken bleiben, selbst wenn er um Mitternacht am Rand einer verlassenen Straße mitten im strömenden Regen steht und feststellt, daß der Reservereifen ebenfalls platt ist und er den Wagenheber zu Hause vergessen hat.

Ruben Gur, Professor für Neuropsychologie an der University of Pennsylvania, leistete ebenfalls Pionierarbeit auf diesem Gebiet der Forschung und fand heraus, daß die stark in Fächer aufgeteilten Männergehirne mit Gefühlen auf wesentlich niedrigerer, fast könnte man sagen animalischerer Ebene umgehen – einem angreifenden Krokodil nicht ganz unähnlich –, während eine Frau sich eher mit jemandem zusammensetzt und dieser Person ihre Gefühle mitteilt. Wenn eine Frau eine gefühlsbetonte Unterhaltung führt, gibt sie über ihr Mienenspiel, ihre Körpersprache und eine Reihe von Sprechmustern ausdrucksstarke Signale von sich. Ein Mann, der seine Gefühle an die Oberfläche kommen läßt, schaltet eher in den »Reptilmodus« und wirft mit bissigen Worten um sich, oder er wird handgreiflich.

Frauen legen viel Wert auf Beziehungen, Männer auf ihre Arbeit

Unser modernes Gesellschaftsleben ist nicht mehr als ein kleiner leuchtender Punkt auf dem Bildschirm der menschlichen Entwicklungsgeschichte. Hunderttausende von Jahren haben Frauen und Männer ihr Leben nach traditionellen Geschlechterrollen gelebt und der modernen Frau und dem modernen Mann eine Gehirnstruktur vererbt, die heutzutage für die meisten Beziehungsprobleme und Mißverständnisse verantwortlich ist. Männer definieren sich seit jeher über ihre Arbeit und ihre Leistungen, während Frauen ihr Selbstwertgefühl aus der Qualität ihrer zwischenmenschlichen Beziehungen ableiten. Ein Mann ist Beutejäger und Problemlöser – das waren seine Prioritäten, um überleben zu können. Eine Frau ist Nesthüterin – ihre Rolle war es, das Überleben der nächsten Generation sicherzustellen.

Alle Studien über weibliche und männliche Wertvorstellungen, welche in den neunziger Jahren dieses Jahrhunderts durchgeführt wurden, zeigen, daß siebzig bis achtzig Prozent aller Männer auf der ganzen Welt immer noch ihre Arbeit als wichtigsten Lebensinhalt sehen, während siebzig bis achtzig Prozent aller Frauen die Familie am wichtigsten finden. Daraus kann man folgendes ableiten:

Wenn eine Frau unter Druck steht oder gestreßt ist, empfindet sie es als Wohltat, einfach nur mit ihrem Mann darüber zu reden. Ein Mann dagegen empfindet das Reden als eine Störung bei seiner Suche nach Lösungen. Sie will reden und schmusen, er will auf seinem Felsblock sitzen oder in die Flammen des Lagerfeuers starren. Die Frau legt sein Verhalten als Desinteresse und Gleichgültigkeit aus, und der Mann empfindet ihr Verhalten als lästig und penetrant. Diese Form der Wahrnehmung spiegelt die unterschiedliche Gehirnstruktur und die unterschiedlichen Prioritäten von Frauen und Männern wider. Dies ist auch der Grund, warum eine Frau immer sagt, daß ihr die Beziehung wichtiger zu sein scheint als ihm – genauso ist es nämlich auch. Wenn Ihnen dieser Unterschied einmal bewußt ist, werden sich viele Probleme, die Sie mit Ihrem Partner haben, in Luft auflösen, und Sie werden aufhören können, das Verhalten des anderen voreilig zu verurteilen.

Warum gestreßte Frauen das Bedürfnis haben, zu reden

Unter Streß oder Druck werden die Gehirnfunktionen des Mannes – räumliches Vorstellungsvermögen und Logik – aktiviert. Bei einer Frau ist es die Sprachfunktion, und so beginnt sie zu reden, unter Umständen nonstop. Wenn sie gestreßt ist, redet sie jedem, der bereit ist zuzuhören, die Ohren voll. Sie kann stundenlang mit ihren Freundinnen über ihre Probleme sprechen, in allen Details, und wenn sie damit fertig ist, wird alles noch mal gemeinsam ganz von vorne aufgerollt. Sie redet über aktuelle Probleme, frühere Probleme, mögliche Probleme und Probleme, für die es keine Lösung gibt. Während sie redet, sucht sie nicht nach Lösungen – das Reden selbst beruhigt und tröstet sie. Ihr Gerede ist unstrukturiert, und sie kann jederzeit mehrere Themen gleichzeitig erörtern, ohne daß sie jemals zu einem Ergebnis kommen würde.

Für einen Mann ist es ein hartes Stück Arbeit, einer Frau zuzuhören, die über ihre Probleme redet, weil er das Gefühl hat, daß sie für jedes Problem, das sie während des Redens auf den Tisch bringt, eine Lösung von ihm erwartet. Er will nicht nur einfach über Probleme *sprechen*, er will etwas dagegen unternehmen! Wahrscheinlich wird er an dem einen oder anderen Punkt ihren Monolog unterbrechen und einwerfen: »Was ist denn nun der springende Punkt?« Der springende Punkt ist, daß es keinen springenden Punkt geben muß. Das Wichtigste, was ein Mann lernen kann, ist das Zuhören, bei dem er gelegentlich ein paar Zuhörgeräusche von sich gibt und Zuhörgesten macht, aber keine Lösungen anbietet. Für einen Mann ist das allerdings ein befremdliches Konzept, denn er redet normalerweise nur, wenn er auch eine Lösung anzubieten hat.

Wenn sich eine Frau weigert, seine Lösungen anzunehmen, ist sein nächster Schritt, die Wichtigkeit ihrer Probleme herunterzuspielen – mit Sätzen wie: »Es ist doch nicht so wichtig!«, »Du übertreibst mal wieder«, »Vergiß es einfach!« und »So schlimm ist es nun auch wieder nicht!« Damit bringt ein Mann eine Frau nur auf die Palme, weil sie das Gefühl bekommt, er wolle ihr nicht zuhören. Und das ist für sie ein eindeutiger Beweis dafür, daß sie ihm nicht besonders wichtig sein kann.

Wenn beide gestreßt sind

Gestreßte Männer trinken Alkohol und rücken in anderen Ländern ein. Gestreßte Frauen essen Schokolade und rücken in Einkaufszentren ein. Wenn sie unter Druck stehen, reden Frauen, ohne zu denken, und Männer handeln, ohne zu denken. Das ist auch der Grund dafür, daß neunzig Prozent aller Gefängnisinsassen Männer und neunzig Prozent aller Menschen, die zum Psychotherapeuten gehen, Frauen sind.

Wenn Männer und Frauen gleichzeitig unter Druck stehen, kann sich daraus ein emotionales Minenfeld entwickeln, wenn jeder damit auf seine Art umzugehen versucht. Männer reden nicht mehr, und Frauen machen sich deswegen Sorgen. Frauen fangen zu reden an, und Männer wissen nicht, wie sie damit umgehen sollen. Die Frau versucht, den Mann dazu zu bringen, über sein Problem zu reden, damit er sich besser fühlt, dabei ist das das Verkehrteste, was sie tun kann. Seine Reaktion darauf ist, ihr zu sagen, sie soll ihn gefälligst in Ruhe lassen, und die Tür hinter sich zuzuschlagen.

Wenn sie auch unter Druck steht, will sie über ihre Probleme reden, was ihn nur noch mehr frustriert. Wenn er sich dann auf seinen einsamen Felsen zurückzieht, fühlt sie sich zurückgewiesen und ungeliebt und ruft ihre Mutter, Schwester oder Freundin an.

Wie Männer Frauen vor den Kopf stoßen

Wenn ein Mann zu verstehen glaubt, daß eine Frau gestreßt ist oder ein Problem hat, dann tut er das, was er mit einem anderen Mann machen würde – er geht, weil er ihr den nötigen Raum geben will, damit sie ihre Probleme lösen kann. Seine Worte sind: »Alles in Ordnung, Liebling?«, ihre Antwort lautet: »Ja, alles bestens ...«, was in ihrer indirekten Art soviel heißt wie: »Wenn du mich liebst, dann fragst du mich jetzt, was los ist!« Er aber sagt nur: »Schön!« und setzt sich an seinen Computer, um zu arbeiten. Sie denkt dann: »Er ist gefühl- und herzlos« und ruft ihre Freundinnen an, denen sie erzählt, wie schlecht sie sich fühlt und wie unmöglich ihr Mann ist.

In früheren Zeiten waren Männer nie mit den Problemen konfrontiert, denen sie sich heutzutage stellen müssen. Ein Mann zeigte seiner Frau und seiner Familie seine Liebe so, wie Männer das seit jeher getan haben: Er ging zur Arbeit und verdiente seinen und ihren Lebensunterhalt. So war es seit Jahrtausenden, und für die meisten Männer ist das immer noch ganz selbstverständlich. Doch in den meisten Ländern besteht die arbeitende Bevölkerung inzwischen bis zu fünfzig Prozent aus Frauen, das heißt, von vielen Männern wird überhaupt nicht mehr erwartet, daß sie ihre Familien allein versorgen. Heutzutage erwartet man von einem Mann, daß er kommuniziert: eine Fertigkeit, die für ihn alles andere als selbstverständlich ist. Doch keine Panik: Das kann man lernen!

Warum Männer nicht mit Frauen umgehen können, die emotional werden

Wenn sich eine Frau aufregt oder wenn ihre Gefühle sie übermannen, fängt sie unter Umständen zu weinen an, gestikuliert wild in der Gegend herum und redet ohne Unterlaß, wobei sie mit gefühlsstarken Adjektiven ihren Gemütszustand beschreibt. Sie will bemuttert und getröstet werden, und sie will, daß man ihr zuhört. Ein Mann jedoch deutet ihr Verhalten, wie er das eines anderen Mannes deuten würde, und was er aus dem Ganzen heraushört, ist: »Rette mich – hilf mir, meine Probleme zu lösen!«

Statt sie nun zu beruhigen und ihr Trost zu spenden, bietet er ihr Rat an, stellt bohrende Fragen oder sagt ihr, daß sie sich nicht so aufregen soll. »Hör mit dem Weinen auf!« bittet er mit erschrockenem Gesichtsausdruck. »Du reagierst total überzogen! So schlimm ist das Ganze doch nicht!« Statt sie zu bemuttern, benimmt er sich wie ihr Vater. Er hat dieses Verhalten bei seinem Vater und bei seinem Großvater gesehen, und genau so haben sich Männer verhalten, seit sie von den Bäumen heruntergeklettert sind. Für eine Frau ist das Zurschaustellen ihrer Gefühle eine Art der Kommunikation, doch ihr Gefühlsausbruch kann genauso schnell vorbei sein, wie er gekommen ist. Ein Mann fühlt sich jedoch verantwortlich dafür, eine Lösung für sie zu finden, und wenn er damit nicht aufwarten kann, kommt er sich wie ein Versager vor. Wenn eine Frau also emotional wird, regt sich ein Mann deswegen auf bzw. wird ärgerlich und sagt, sie solle mit dem Theater aufhören. Männer haben auch Angst, daß eine Frau, wenn sie mal zu weinen angefangen hat, so schnell nicht mehr damit aufhört.

Einkaufen gehen – ihre Freude, seine Qual

Für Frauen ist Einkaufen wie Reden – es muß keinen speziellen Anlaß oder Grund dafür geben, sie müssen auch kein Ziel im Auge haben, und es kann sich durchaus über mehrere Stunden hinziehen. Auch ist das Ergebnis dabei nicht das Wichtigste. Frauen finden einkaufen gehen erfrischend und entspannend, ganz gleich, ob sie etwas kaufen oder nicht. Diese Art des Einkaufens führt beim Mann nach spätestens zwanzig Minuten zu einem Kurzschluß im Gehirn. Damit ein Mann das Einkaufen als befriedigend empfinden kann, muß das Ganze einen Sinn haben, ein Ziel und einen Zeitrahmen. Schließlich ist er ein Beutejäger – das ist seine Aufgabe. Er will seine Beute schnell und schmerzlos erlegen und nach Hause bringen.

In einer Frauenboutique bekommt ein Mann Beklemmungen und ist frustriert, wenn er dabeistehen muß, während die Frau einen Fetzen nach dem anderen überzieht, ihn nach seiner Meinung fragt und am Ende doch nichts kauft. Frauen lieben es, unzählige Kleider anzuprobieren, das entspricht nämlich ihrem Gehirnmuster: eine ganze Palette an Emotionen und Empfindungen, und jedes Kleidungsstück ein Spiegel der speziellen Stimmung, die es hervorruft. Die Kleidung eines Mannes spiegelt das männliche Gehirnmuster wider: vorhersehbar, konservativ und lösungsorientiert. Darum ist es auch so leicht, einen Mann zu erkennen, dessen Frau für ihn Kleidung kauft. Ein Mann, der sich gut kleidet, hat in der Regel eine Frau, die die Klamotten für ihn aussucht, oder aber er ist homosexuell. Einer von acht Männern reagiert farbenblind auf blau, rot oder grün, und die wenigsten haben ein Gespür dafür, welche Muster und Schnitte sich gut kombinieren lassen. Einen männlichen Single kann man deswegen meistens schon an seiner Kleidung erkennen.

Um einen Mann dazu zu bringen, mit einer Frau zum Einkaufen zu gehen, muß man ihm klare Kriterien geben – Farbe, Größe, Marke, Stil – und ihm mitteilen, wo man einkaufen will und wie lange es ungefähr dauern wird. Wenn Sie klare Ziele gesteckt haben (auch wenn diese frei erfunden sind), werden Sie erstaunt darüber sein, wieviel Enthusiasmus ein Mann plötzlich beim Einkaufen zeigen kann.

Wie man einer Frau ein ehrlich gemeintes Kompliment macht

Wenn eine Frau ein neues Kleid anprobiert und einen Mann fragt: »Wie steht mir das?«, wird sie in den meisten Fällen eine Antwort wie »Gut« oder »Hm« erhalten. Dafür bekommt er mit Sicherheit keine Bonuspunkte bei ihr. Wenn ein Mann sich einschmeicheln möchte, muß er auf eine derartige Frage reagieren, wie eine Frau es täte, nämlich indem er *Details anführt*.

Wenn er zum Beispiel antwortet: »Wow! Eine tolle Wahl! Dreh dich mal um – laß mich es von hinten sehen – also die Farbe steht dir wirklich unheimlich gut! – deine Figur kommt bei dem

Schnitt toll zur Geltung – diese Ohrringe passen einfach super zu deinem Kleid – du siehst wundervoll aus«, würden die meisten Frauen dahinschmelzen.

Unser chemischer Cocktail

Wie uns die Hormone beherrschen

In der Vergangenheit war man der Überzeugung, daß Hormone nur unseren Körper, nicht aber unser Gehirn beeinflussen. Heute wissen wir, daß unser Gehirn bereits vor der Geburt von Hormonen programmiert und unser Denken und Verhalten von ihnen beherrscht wird. Der Testosteronspiegel von halbwüchsigen Jungen ist etwa fünfzehn- bis zwanzigmal höher als der von gleichaltrigen Mädchen. Die Hormonausschüttungen bei den Jungen werden vom Gehirn gesteuert und reguliert, je nachdem, welche Mengen der Körper gerade braucht.

Während der Pubertät wird der Körper des heranwachsenden Jungen mit Testosteron überschüttet, was zu einem Wachstumsschub und einem Verhältnis von 15 Prozent Fett zu 45 Prozent Eiweiß im Körper führt. Dabei ändert sich sein Aussehen und nähert sich immer weiter seinem biologischen Soll-Zustand (magere, muskulöse Beutejagdmaschine). Jungen sind hervorragende Sportler, weil ihre Körper durch die Hormone auf optimales Atmen ausgerichtet sind und über die roten Blutkörperchen optimal mit Sauerstoff versorgt werden. Dadurch fällt ihnen das Laufen, Springen und Kämpfen leicht. Steroide sind männliche Hormone, die den Muskelaufbau anregen und Athleten bessere »Jagdfähigkeiten« und einen Vorteil verleihen.

Die Wirkung der weiblichen Geschlechtshormone auf den heranwachsenden Mädchenkörper ist ganz anders. Bei den Mädchen wird die Hormonausschüttung anders geregelt als bei den Jungen. Sie überschwemmen sie wogenartig in Zyklen von etwa achtundzwanzig Tagen. Für viele Mädchen und Frauen ist es nicht leicht, damit umzugehen, vor allem auch wegen der Achterbahn der Gefühle, die durch die Hormonschwankungen ausgelöst wird. Die weiblichen Geschlechtshormone bewirken im Körper eines Mädchens ein Verhältnis von 26 Prozent Fett zu 20 Prozent Eiweiß – sehr zum Leidwesen der weiblichen Bevölkerung! Die Portion Extrafett ist ein zusätzliches Energiedepot für die Zeit des Stillens und stellt gleichzeitig eine Art Lebensversicherung für den Fall dar, daß die Nahrung einmal knapp werden sollte. Weibliche Geschlechtshormone regen das Deponieren von Fett im Körper an, was auch erklärt, warum sie bei der Viehmast eingesetzt werden. Im Gegensatz dazu verringern männliche Hormone den Fettanteil im Körper und regen statt dessen den Muskelaufbau an. Deswegen sind sie auch denkbar ungeeignet für die Viehmast.

Die Biochemie des Verliebtseins

Sie sind gerade Ihrer Traumfrau begegnet – Ihr Herz hämmert in der Brust, Ihre Hände sind feucht, in Ihrem Bauch fliegen Schmetterlinge herum, und Ihr ganzer Körper kribbelt. Sie gehen zusammen essen und erleben einen absoluten Höhenflug. Am Ende des Abends küßt Sie Ihr Traum, und Sie schmelzen dahin wie Butter in der Sonne. Noch Tage danach können Sie nichts essen, doch Sie haben sich noch nie besser gefühlt, und Sie bemerken, daß Ihre Erkältung wie durch Magie verschwunden ist.

Aus der Nervenforschung ist bekannt, daß das Phänomen des »Sich-Verliebens« aus einer Reihe von chemischen Reaktionen im Gehirn besteht, welche ihrerseits geistige und körperliche Reaktionen auslösen. Das Kommunikationsnetzwerk des Gehirns besteht aus Milliarden von Neuronen. Candice Pert vom American National Institute of Health leitete die Forschungsgruppe, die das Vorhandensein von Neuropeptiden entdeckte, einer Kette von Aminosäuren, die über den Körper verteilt sind und an aufnahmebereite Rezeptoren andocken. Bislang wurden sechzig verschiedene Neuropeptide entdeckt, und diese lösen emotionale Reaktionen im Körper aus, wenn sie sich an die Rezeptoren ankoppeln. Mit anderen Worten: Alle unsere Gefühle – Liebe, Kummer, Glücklichsein – sind biochemische Reaktionen. Als man dem englischen Wissenschaftler Francis Crick und seinen Kollegen den Nobelpreis für Medizin für die Entschlüsselung des DNA-Codes, mit dem Gene festgelegt werden, verlieh, verblüffte er die medizinische Fachwelt mit den Worten: »Sie, Ihre Freude und Ihr Leid, Ihre Erinnerungen, Ihr Ehrgeiz, Ihr Identitätsgefühl, Ihr freier Wille und Ihre Liebe sind nichts anderes als das Mit- und Gegeneinander einer riesigen Ansammlung von Nervenzellen.«

Die chemische Substanz, die hauptsächlich für die erhabenen körperlichen Gefühle des Verliebtseins verantwortlich ist, heißt PEA (Phenylethylamin), ein Stoff, der mit den Amphetaminen verwandt ist und auch in Schokolade vorkommt. PEA ist eine der chemischen Substanzen, die Ihre Herzfrequenz hochschrauben, Ihre Hände feucht werden lassen, Ihre Pupillen weiten und Ihnen Schmetterlinge in den Bauch setzen. Auch Adrenalin wird freigesetzt, was Ihr Herz zum Rasen bringt, Sie wachrüttelt und Ihnen zu euphorischen Gefühlen verhilft. Gleichzeitig werden Endorphine produziert, die Ihr Immunsystem aufpeppen und Ihre Erkältung vertreiben. Wenn Sie einen Kuß ausgetauscht haben, erstellt Ihr Gehirn eine flotte chemische Analyse der Speichelflüssigkeit des anderen und zieht Schlüsse bezüglich der genetischen Kompatibilität bzw. Inkompatibilität. Das weibliche Gehirn zieht außerdem Schlüsse, in welchem Zustand sich das Immunsystem des Mannes befindet.

Diese ganzen positiven chemischen Reaktionen erklären, warum verliebte Menschen generell gesünder sind und viel weniger dazu neigen, krank zu werden, als diejenigen, die nicht verliebt sind. Verliebtsein stärkt in der Regel die Gesundheit.

Die Chemie der Hormone

Östrogen ist das weibliche Geschlechtshormon, das einer Frau ein allgemeines Gefühl von Zufriedenheit und Wohlbefinden verleiht und einen großen Einfluß auf ihr Nesthüterverhalten hat. Aufgrund seiner beruhigenden Wirkung wird Östrogen gelegentlich aggressiven Zellinsassen in Gefängnissen verabreicht, um deren gewalttätiges Verhalten in den Griff zu bekommen. Ferner unterstützt es das Gedächtnis, weshalb auch so viele Frauen nach der Menopause, wenn ihr Östrogenspiegel sinkt, an Gedächtnisproblemen leiden. Das Erinnerungsvermögen von Frauen, die sich einer Hormonbehandlung unterziehen, ist wesentlich besser.

Progesteron ist das Hormon, das Muttergefühle auslöst, und sein Zweck ist es, einer Frau dazu zu verhelfen, ihre Rolle als Mutter erfolgreich auszuführen. Progesteron wird ausgeschüttet, sobald eine Frau ein Baby sieht. Untersuchungen haben ergeben, daß die Proportionen eines Babys die Freisetzung des Hormons bewirken. Ein Baby hat kurze, pummelige Ärmchen und Beinchen, einen runden, plumpen Oberkörper, einen im Verhältnis zum übrigen Körper übergroßen Kopf und große Augen – alles Formen, die als Auslöser für die Ausschüttung von Progesteron wirken. Die Reaktion auf diese speziellen Formen ist so stark, daß das Hormon auch dann freigesetzt wird, wenn eine Frau ihnen in einem Gegenstand wie einem Stofftier begegnet. Das ist auch der Grund, warum Spielzeuge wie Teddybären und Kuscheltiere so reißenden Absatz bei Frauen finden, während sie längliche, klapprige Spielfiguren links liegenlassen. Häufig kann man beobachten, wie ein Mädchen oder eine Frau einen Teddybären in den Arm nimmt und seufzt: »Oh ... wie nieeedlich!« Gleichzeitig wird Progesteron in ihren Blutkreislauf ausgeschüttet.

Die meisten Männer, bei denen ja Progesteron keine Rolle spielt, können diese übertriebene Reaktion einer Frau angesichts eines überteuerten, ausgestopften Plüschtiers nur schwer verstehen. Progesteron könnte auch der Grund dafür sein, warum der mütterliche Typ Frau eher kleine, pummelige Männer mit runden Wangen heiratet.

Warum Blondinen sehr fruchtbar sind

Blondes Haar ist ein Zeichen für einen hohen Östrogenspiegel, was die starke Anziehung von Blondinen auf Männer erklärt. Es ist ein Indikator für Fruchtbarkeit und eine mögliche Erklärung für das geflügelte Wort »blond und blöd«. Wie es im Volksmund heißt, bedeutet blond und blöd hohe Fruchtbarkeit, gleichzeitig allerdings auch logisch-mathematische Unterbelichtung. Studien haben ergeben, daß heranwachsende Mädchen, deren Mütter während der Schwangerschaft männliche Geschlechtshormone eingenommen haben, bessere Leistungen in wissenschaftlichen Disziplinen erbringen als andere Mädchen und auch höhere Chancen haben, Zulassungsprüfungen an Universitäten zu bestehen. Die Kehrseite der Medaille ist allerdings, daß diese jungen Frauen weniger weiblich sind und oftmals eine stärkere Körperbehaarung haben als andere Frauen.

Wenn eine Blondine ihr erstes Kind zur Welt gebracht hat, wird ihr Haar dunkler, denn ihr Östrogenspiegel nimmt ab. Nach dem zweiten Kind wird das Haar noch dunkler. Der Abfall des Östrogenspiegels ist auch der Grund dafür, daß es nur wenige natürliche Blondinen gibt, die älter als dreißig sind.

PMS und Libido

Das Prämenstruelle Syndrom (PMS) ist ein nicht zu unterschätzendes Problem für die moderne Frau. Ihre Vorfahrinnen dagegen kamen praktisch nie damit in Berührung. Bis vor kurzem waren die meisten Frauen den größten Teil ihres fruchtbaren Lebens schwanger, was bedeutete, daß eine Frau im Durchschnitt nur zehn- bis zwanzigmal in ihrem Leben mit Menstruationsproblemen zu kämpfen hatte – im Gegensatz zu zwölfmal pro Jahr heute. Wenn eine moderne Frau im Durchschnitt 2,4 Kinder bekommt, heißt das, sie kann während ihrer fruchtbaren Jahre, die grob von zwölf bis fünfzig dauern, 350- bis 400mal am PMS leiden. Bei einer kinderlosen Frau erhöht sich diese Zahl auf etwa 500.

Bis zur Einführung der Anti-Baby-Pille in den fünfziger Jahren war es niemandem aufgefallen, daß Frauen großen Stimmungsschwankungen unterworfen sind. Während der ersten 21 Tage nach der Menstruation erzeugen Östrogene in Frauen, die noch nicht in die Menopause eingetreten sind, ein Gefühl des Wohlbefindens. Östrogene verleihen allgemeine Zufriedenheit und eine positive Lebenseinstellung. Der Appetit auf Sex nimmt über diese Tage stetig zu, so daß während eines Zeitraums von etwa 18 bis 21 Tagen nach der letzten Menstruation die Wahrscheinlichkeit, ein Kind zu empfangen, am größten ist. Dies ist auch der Zeitpunkt, zu dem der Testosteronspiegel einer Frau am höchsten ist.

Die Natur ist clever – sie hat für die meisten Weibchen einen Zeitplan aufgestellt, nach dem sie am sexhungrigsten sind, je höher die Empfängnisbereitschaft ist. Bei vielen Weibchen kann man das mühelos erkennen. Bei Pferden ist es zum Beispiel so, daß die Stute den Hengst neckt und erregt, sich aber erst in dem exakten Moment von ihm besteigen läßt, wenn sich das Ei an der richtigen Stelle für eine Befruchtung befindet. Frauen sind sich häufig nicht bewußt, daß auch auf sie ein ähnlicher Zeitplan und ähnliche Reaktionen zutreffen.

So findet sich gelegentlich eine Frau urplötzlich mit einem Mann im Bett wieder, den sie erst vor wenigen Stunden auf einer Party kennengelernt hat, und tags drauf erscheint es ihr vollkommen unbegreiflich, warum und wie so etwas hatte passieren können. »Ich weiß nicht, was mit mir los war«, sagte eine Frau. »Ich habe ihn auf einer Party getroffen, und bevor ich wußte, wie mir geschah, waren wir zusammen im Bett! So etwas habe ich noch nie gemacht!« Wie andere Weibchen ist sie zufällig diesem einen Mann zu genau dem Zeitpunkt über den Weg gelaufen, an dem die höchste Wahrscheinlichkeit für eine Empfängnis bestand. Das Gehirn der Frau hatte den genetischen Bauplan des betreffenden Mannes, den Zustand seines Immunsystems und andere Kriterien im Unterbewußtsein entschlüsselt. Als sich herausstellte, daß diese im Bereich des Akzeptablen lagen, um als potentieller Vater in Erwägung gezogen werden zu können, hat die Natur einfach die Kontrolle an sich gerissen.

Frauen, die ein derartiges Erlebnis hatten, wissen nicht, wie sie es sich erklären sollen, und viele beschreiben es als »Schicksal« oder sprechen von einer »merkwürdigen Anziehungskraft«, statt sich einzugestehen, daß ihre Hormone das Steuer übernommen hatten. Als Folge derartiger Erlebnisse bleiben viele Frauen an Männern kleben, die für sie als Partner denkbar ungeeignet sind. Und viele Männer würden einiges darum geben zu erfahren, wann eine Frau den höchsten Punkt in ihrer Hormonkurve erreicht hat!

Düstere Tage im Leben einer Frau

Zirka 21 bis 28 Tage nach der Menstruation sinkt der Hormonspiegel einer Frau abrupt ab. Es werden schwere Entzugserscheinungen ausgelöst, die man gemeinhin als PMS bezeichnet. In vielen Frauen erzeugt das PMS Gefühle wie Niedergeschlagenheit, Traurigkeit, Depression bis hin zu suizidalen Neigungen. Von 25 Frauen leidet eine so stark unter diesen Hormonschwankungen, daß sie während dieser Tage eine regelrechte Persönlichkeitsveränderung durchmacht.

Mehrere Studien haben ergeben, daß sich die weibliche Kriminalität, wie tätlicher Angriff und Ladendiebstahl, auf diese 21 bis 28 Tage konzentriert. In Frauengefängnissen hat man festgestellt, daß mindestens fünfzig Prozent der Morde oder tätlichen Angriffe von Frauen verübt wurden, die unter dem Prämenstruellen Syndrom litten. Während dieser Phase steigt auch die Zahl der Frauen, die Psychiater, Berater und Astrologen aufsuchen, dramatisch an. Viele Frauen haben den Eindruck, daß sie die Kontrolle verlieren oder verrückt werden. Es gibt gut dokumentierte Studien darüber, daß die Wahrscheinlichkeit, daß Frauen mit PMS Autounfälle oder Flugzeugabstürze verursachen, wenn sie hinter dem Lenkrad bzw. dem Steuerknüppel sitzen, etwa vier- bis fünfmal so hoch ist. Wenn Sie also das nächste Mal in einem Flugzeug sitzen und Ihr Pilot eine schlechtgelaunte Frau ist, dann steigen Sie am besten schleunigst in einen Zug um.

Weibliche Hormone werden bereits seit längerem eingesetzt, um permanent aggressive Menschen zu beruhigen. In einigen Ländern wird das PMS von Richtern als mildernder Umstand an-

erkannt, wenn es um das Strafmaß für Frauen geht, die ein
Gewaltverbrechen begangen haben.

Wenn eine Frau auf die Menopause zugeht, die normalerweise
zwischen vierzig und fünfzig Jahren eintritt, macht sie eine Reihe
von tiefgreifenden psychologischen, emotionalen und hormonellen Veränderungen durch. Diese haben von Frau zu Frau unterschiedliche Auswirkungen.

Die Menopause bei den Männern hingegen ist ein vorhersag-
bares Ereignis, das nach einem starren Muster abläuft: Er kauft
sich eine Fliegerbrille, Lederhandschuhe fürs Auto, läßt sich ein
Haartransplantat einpflanzen, kauft sich ein Motorrad oder einen
roten Sportwagen und trägt Klamotten, in denen er einfach nur
lächerlich aussieht.

Testosteron und das räumliche
Vorstellungsvermögen

Vielleicht sind Sie bereits selbst zu dem Schluß gekommen, daß
die räumlich-visuellen Fähigkeiten, die ja zu den stärksten männlichen Attributen gehören, in irgendeiner Form mit dem Testosteronspiegel in Verbindung stehen müssen. Testosteron ist ganz
wesentlich daran beteiligt, die »Software« zu installieren, welche
den räumlich-visuellen Fähigkeiten zugrunde liegt, die wiederum
zum Jagen und Beutemachen erforderlich sind. Folglich gilt, daß
ein Gehirn um so männlicher reagiert, je mehr Testosteron ein
Körper produziert. Rattenmännchen, denen man zusätzlich männliche Geschlechtshormone injiziert, finden schneller den Ausweg

aus einem Labyrinth als die anderen Rattenmännchen. Auch der Orientierungssinn von Rattenweibchen kann durch männliche Geschlechtshormone verbessert werden, allerdings nicht so deutlich wie bei den Rattenmännchen. Bei beiden Geschlechtern steigt zusätzlich die Aggressivität.

Männer mit hohem Testosteronspiegel haben in der Regel weniger Probleme mit dem Kartenlesen, mit der Orientierung, bei Videospielen oder wenn es darum geht, ein Ziel zu treffen. Ihre Bärte wachsen schnell, sie lieben »Jagd- und Fangspiele« wie Fußball, Billard und Autorennen und parken schnell und sicher ein. Testosteron ist auch das Hormon, das Zielstrebigkeit verleiht und Müdigkeit vertreibt. Studien haben ergeben, daß Freiwillige, denen man Testosteron injizierte, ein höheres Durchhaltevermögen bei körperlichen Aktivitäten wie Wandern und Langstreckenlauf haben und sich länger konzentrieren können.

Es ist nicht erstaunlich, daß lesbische Frauen ebenfalls viele dieser Eigenschaften an den Tag legen. Susan Resnick vom Institute of Ageing in den USA berichtet, daß Mädchen, die abnormal hohen Konzentrationen von männlichen Geschlechtshormonen im Mutterleib ausgesetzt waren, auch deutlich bessere räumlich-visuelle Fähigkeiten aufwiesen als ihre Schwestern, die diesen männlichen Geschlechtshormonen nicht ausgesetzt waren.

Warum Frauen das Einparken hassen

Während Testosteron die räumlich-visuellen Fähigkeiten fördert, unterdrückt Östrogen sie. Frauen haben wesentlich weniger

Testosteron im Blut als Männer und folglich auch um so schlechter ausgeprägte räumlich-visuelle Fähigkeiten, je »weiblicher« ihr Gehirn von seiner Orientierung her ist. Das ist der Grund, warum sehr feminine Frauen keine großen Einparkgenies sind und mit Straßenkarten nur wenig anfangen können. Es gibt eine seltene Störung, die als Turner-Syndrom bezeichnet wird und bei der einem genetisch weiblichen Embryo (XX) eines der X-Chromosomen fehlt. Ein Mädchen mit diesem Syndrom nennt man XO-Mädchen. Diese XO-Mädchen sind in allen Verhaltensweisen extrem weiblich, besitzen überhaupt keinen Orientierungssinn und wenige bis gar keine räumlich-visuellen Fähigkeiten. Leihen Sie Ihr Auto also unter keinen Umständen einer XO-Frau!

Warum Frauen oft dicke Hintern haben

Die Natur verteilt alles überschüssige Fettgewebe so weit von den lebenswichtigen Organen weg wie nur irgend möglich, damit deren Funktionen davon in keiner Weise beeinträchtigt werden. Normalerweise hat man wenig bis gar kein Fett um die Gehirn-, Herz- und Genitalgegend herum. Frauen haben ein weiteres lebenswichtiges Organ: die Eierstöcke. Deswegen setzen Frauen im gebärfähigen Alter selten überschüssiges Fett um den Bauch herum an. Männer, die bekanntermaßen keine Eierstöcke haben, legen ihr überschüssiges Fett mit dem sogenannten »Bierbauch« an, sie können sogar Fettdepots auf dem Rücken bilden. Da dicke Oberschenkel sich beim Rennen und Jagen störend bemerkbar gemacht hätten, sieht man nur selten Männer mit dicken

Beinen. Überschüssiges Fett sammelt sich bei Frauen an den Oberschenkeln, am Hintern und unter den Oberarmen und dient während der Stillzeit als Energiereserve. Wenn Männer Eierstöcke hätten, hätten sie auch dickere Oberschenkel und außerdem flache Bäuche. Wenn einer Frau im Rahmen einer Hysterektomie die Eierstöcke entfernt werden, setzt sich anschließend auch überschüssiges Fett um den Bauch herum an.

Männer, Frauen und Sex

Wo ist das Sexzentrum des Gehirns?

Das Sexzentrum ist der Hypothalamus, also der Teil des Gehirns, der auch die Gefühle, die Herzfrequenz und den Blutdruck steuert. Der Hypothalamus ist etwa kirschkerngroß und wiegt um die 4,5 Gramm. Bei heterosexuellen Männern ist er größer als bei Frauen, Homosexuellen und Transsexuellen.

Der Hypothalamus ist der Bereich, in dem das Verlangen nach Sex durch Hormone – besonders durch Testosteron – stimuliert wird. Wenn man bedenkt, daß Männer einen etwa zehn- bis zwanzigmal höheren Testosteronspiegel als Frauen und außerdem einen größeren Hypothalamus haben, wird klar, warum der männliche Geschlechtstrieb so stark ausgeprägt ist. Das erklärt auch, warum Männer praktisch überall und zu jeder Zeit Sex haben können. Erschwerend kommt hinzu, daß die Gesellschaft Generationen von Männern dazu ermutigt hat, sich »die Hörner abzustoßen«, während sie gleichzeitig sexuell aktive oder promiskuitive Frauen verdammte. Eigentlich ist es kein Wunder, daß das unterschiedliche Sexualverhalten von Männern und Frauen immer schon zu Spannungen in den Beziehungen führt.

Warum Frauen treu sind

Der Hypothalamus einer Frau ist sehr viel kleiner als der eines Mannes, und in ihrem Blut fließen nur geringe Mengen Testosteron, um ihn zu aktivieren. Darum haben Frauen im allgemeinen einen wesentlich schwächeren Geschlechtstrieb als Männer und sind auch weniger aggressiv. Die Frage ist, warum die Natur Frauen nicht als rasende Nymphomaninnen geschaffen hat, um das Überleben der menschlichen Spezies zu gewährleisten. Die Antwort liegt in der langen Zeitspanne, die erforderlich ist, um ein Kind auszutragen und es so weit großzuziehen, daß es auf eigenen Füßen stehen kann.

Eine Frau ist den größten Teil der Schwangerschaft körperlich eingeschränkt, und das Kind muß mindestens fünf Jahre alt sein, um sich bis zu einem gewissen Grad selbst ernähren und verteidigen zu können. Aus diesem Grund analysiert eine Frau auch die Charakterzüge des potentiellen Vaters sehr gründlich, um Aufschluß über seine Fähigkeit, Nahrung und Schutz zu bieten und Feinde abzuwehren, zu gewinnen.

Das weibliche Gehirn ist darauf programmiert, einen Mann zu suchen, der die Verpflichtung eingeht, lange genug für sie dazusein, um ihr beim Großziehen ihrer Kinder zu helfen. Das spiegelt sich auch in dem wider, worauf Frauen bei Männern achten, mit denen sie eine langfristige Beziehung eingehen wollen.

Männer sind Gasherde, Frauen Elektroherde

Der männliche Geschlechtstrieb ist wie ein Gasherd: Er brennt sofort und läuft innerhalb von Sekunden auf Hochtouren, kann aber genauso schnell wieder abgedreht werden, wenn das Essen fertiggekocht ist. Der weibliche Geschlechtstrieb ist wie ein Elektroherd: Er erwärmt sich nur langsam, bis er dann schließlich richtig heiß ist, und es dauert lange, bis er wieder abkühlt.

Der Testosteronspiegel eines Mannes nimmt im Alter langsam ab, und entsprechend wird auch sein Geschlechtstrieb schwächer. Der Geschlechtstrieb der durchschnittlichen Frau dagegen steigt allmählich an und erreicht im Alter von 36 bis 38 Jahren seinen Höhepunkt. Das erklärt das »Jugendlicher-Liebhaber-Syndrom« vieler Frauen in diesem Alter. Jüngere Männer bringen die »Leistung«, nach der sich eine reifere Frau sehnt. Die sexuelle Leistungsfähigkeit eines 19jährigen Mannes entspricht eher den Bedürfnissen einer dreißig- bis vierzigjährigen Frau. Auf der Kurve kann man auch gut erkennen, daß der Geschlechtstrieb eines Mannes um die Vierzig zu dem einer Zwanzigjährigen paßt. Das erklärt, warum es Paare gibt, bei denen ein älterer Mann mit einer jungen Frau liiert ist. Bei diesen Paaren beträgt der Altersunterschied zwischen Mann und Frau in der Regel zwanzig Jahre.

Die Behauptung, der Geschlechtstrieb eines Mannes erreiche seinen Höhepunkt im Alter von 19 Jahren und nehme danach stetig ab, bezieht sich auf seine körperliche Leistungsfähigkeit. Sein Interesse an Sex bleibt mehr oder weniger sein ganzes Leben lang gleich stark, was bedeutet, daß ein Mann mit siebzig Jahren genauso an Sex interessiert sein kann, wie er es mit dreißig war.

Allerdings nimmt seine körperliche Leistungsfähigkeit ab. Eine junge Frau unter zwanzig kann sich stark für Sex interessieren (wegen der engen Wechselwirkung zwischen Sex und Liebe), gleichzeitig aber nur wenig Verlangen danach verspüren. Als Dreißigjährige kann sie das gleiche Interesse an Sex haben, gleichzeitig aber auch ein stärkeres Verlangen danach verspüren.

Warum Sex ein so beliebtes Streitthema ist

Vergessen Sie nicht, daß wir in diesem Zusammenhang generell von dem Geschlechtstrieb aller Männer als einer Gruppe und von dem Geschlechtstrieb aller Frauen als einer zweiten Gruppe sprechen. Der Geschlechtstrieb jedes einzelnen kann natürlich ganz wesentlich davon abweichen. In diesem Kapitel wollen wir uns jedoch mit dem typischen Geschlechtstrieb der meisten Menschen befassen.

Es gibt natürlich Frauen, die einen sehr stark ausgeprägten Geschlechtstrieb haben, wie es auch Männer mit einem sehr schwach ausgeprägten Geschlechtstrieb gibt, doch handelt es sich dabei um wenig aussagekräftige Minderheiten. Im großen und ganzen kann man sagen, daß die meisten Männer einen starken Geschlechtstrieb besitzen, die meisten Frauen einen weniger starken. Eine Studie des Kinsey Institute hat ergeben, daß 37 Prozent der Männer alle dreißig Minuten an Sex denken, während das bei nur elf Prozent der Frauen der Fall ist. Bei einem Mann ist der Testosteronspiegel stets so hoch, daß sein Geschlechtstrieb ständig aktiviert ist. Darum ist ein Mann auch, sobald es um Sex geht, allzeit bereit.

Bis eine Frau die Vierzig erreicht, beklagt sie sich normalerweise darüber, daß ihr Mann sie ständig unter Druck setze, weil er Sex von ihr verlange, und das auf beiden Seiten zu Ärger und Frustrationen führe. Die Frau wird dem Mann oft vorwerfen, daß er sie nur »benutze«. Erst wenn eine Frau auf die Vierzig zugeht, paßt sich ihr Geschlechtstrieb dem eines gleichaltrigen Mannes an, ja er übertrifft ihn häufig sogar. Ihr Trieb wird von ihrer biologischen Uhr gesteuert, die ihr kurz vor der Menopause noch einmal den Wunsch nach einem Kind in den Kopf setzt. Ein Mann Anfang Vierzig kann von diesem Rollentausch ganz schön aus der Fassung gebracht werden. Sein Geschlechtstrieb ist oft niedriger als der einer gleichaltrigen Frau, während sie plötzlich viel bestimmter als er auftritt. Viele Männer beklagen sich dann, daß sie »Leistung auf Befehl« erbringen sollen. Die Situation ist jetzt genau umgekehrt.

Die meisten Paare beachten diese Unterschiede nicht, und jeder erwartet vom anderen, daß er die eigenen Bedürfnisse versteht, aber die Natur hat es nun einmal anders eingerichtet. Es mag Mode sein zu behaupten, daß moderne Männer und Frauen in gleichem Maße an Sex interessiert bzw. daß normale Paare sexuell perfekt aufeinander abgestimmt seien, doch im wirklichen Leben sieht es anders aus.

Allem zum Trotz, was Dichter schreiben und Romantiker denken mögen – der Geschlechtstrieb ist eine direkte Folge des Hormoncocktails, den unser Gehirn ausschüttet. Testosteron ist der Hauptverantwortliche für das Gefühl, das wir als Geschlechtstrieb bezeichnen, und wie wir bereits im Kapitel zuvor gesehen haben, ist Liebe eine Mischung aus chemischen und elektrischen Reaktionen. All diejenigen, die der Auffassung sind, daß sich Liebe ausschließlich im Kopf abspiele, haben zum Teil sogar recht. Bei Frauen tragen psychologische Faktoren wie Vertrauen, Nähe und allgemeines Wohlbefinden dazu bei, die Bedingungen zu erfüllen, unter denen der entsprechende Hormoncocktail vom Gehirn ausgeschüttet wird. Bei Männern kann dieser Cocktail zu jeder Zeit und an jedem Ort ausgeschüttet werden.

Geschlechtstrieb und Streß

Der Geschlechtstrieb einer Frau wird ganz entscheidend von den Ereignissen in ihrem Umfeld bestimmt. Wenn sie Angst hat, gefeuert zu werden, an einem anspruchsvollen Projekt arbeitet, sich die Rückzahlungen für das Eigenheim gerade verdoppelt haben, die Kinder krank sind, wenn sie vom Regen durchnäßt nach Hause kommt oder ihr Hund weggelaufen ist, wird Sex das allerletzte sein, wofür sie sich interessiert. Sie sehnt sich nur danach, ins Bett zu gehen und zu schlafen.

Passiert das gleiche einem Mann, ist Sex für ihn wie eine Beruhigungstablette: eine Methode, die tagsüber aufgestauten Spannungen abzubauen. Am Ende eines Tages passiert dann folgendes: Er macht sie an, und sie schimpft ihn einen gefühllosen Schwachkopf; er bezeichnet sie als frigide, und prompt bekommt er einen Schlafplatz auf der Wohnzimmercouch zugewiesen. Kommt Ihnen das irgendwie bekannt vor? Interessanterweise beurteilen Männer den Zustand ihrer Beziehung nach den persönlichen Diensten, die ihnen ihre Partnerin am Tage der Befragung hat angedeihen lassen, also ob sie ihnen das Frühstück gemacht, das Hemd gebügelt oder den Kopf gekrault hat. Frauen dagegen beurteilen den Zustand ihrer Beziehung nach den Ereignissen, die sich in der näheren Vergangenheit zugetragen haben, also wie aufmerksam er ihr gegenüber in den letzten Monaten war, wie nützlich er sich im Haus gemacht und wie häufig er sich in der letzten Zeit mit ihr unterhalten hat. Die wenigsten Männer verstehen diesen Unterschied. Er kann den ganzen Tag über der perfekte Gentleman gewesen sein, und doch stößt sie ihn, wenn er Sex will, zurück, weil sie immer noch unglücklich darüber ist, daß er ihre Mutter vor zwei Wochen beleidigt hat.

Was wir auf längere Sicht wirklich wollen

Die folgende Tabelle ist das Ergebnis einer Umfrage bei mehr als 15 000 Männern und Frauen im Alter von 17 bis 60 Jahren. Sie zeigt – nach der Priorität geordnet –, was Frauen bei einem Kandidaten für eine längerfristige Beziehung erwarten, und was Männer *glauben*, was Frauen erwarten.

A Was Frauen erwarten	B Was Männer glauben, was Frauen erwarten
1. Persönlichkeit	1. Persönlichkeit
2. Humor	2. Guter Körperbau

3. Einfühlungsvermögen	3. Humor
4. Köpfchen	4. Einfühlungsvermögen
5. Guter Körperbau	5. Gutes Aussehen

Es handelt sich hier um eine amerikanische Studie; die meisten anderen, die wir analysiert haben, hatten keine ernstzunehmende wissenschaftliche Basis. Sie zeigt, daß Männer eine vernünftige Vorstellung davon haben, was Frauen bei einem Mann suchen. Zwar dachten Männer, daß das Kriterium »Guter Körperbau« für Frauen wichtig wäre, doch für Frauen stand es erst an fünfter Stelle. 15 Prozent der Männer glaubten, daß ein großer Penis für eine Frau wichtig wäre, doch nur zwei Prozent der befragten Frauen fanden dies wichtig. Einige Männer sind derart überzeugt davon, daß die Penisgröße von Bedeutung ist, daß mittlerweile in Sex-Shops und zahlreichen Magazinen auf der ganzen Welt penisverlängernde Utensilien angeboten werden.

Betrachten wir jetzt, was Männer bei einer Kandidatin für eine längerfristige Beziehung erwarten, und was Frauen glauben, was Männer suchen.

C	D
Was Männer erwarten	**Was Frauen glauben, was Männer erwarten**
1. Persönlichkeit	1. Gutes Aussehen
2. Gutes Aussehen	2. Gute Figur
3. Köpfchen	3. Busen
4. Humor	4. Hintern
5. Gute Figur	5. Persönlichkeit

Wie Sie sehen, ist Frauen viel weniger bewußt, was Männer bei einer Partnerin suchen. Der Grund hierfür liegt darin, daß Frauen ihre Annahme auf die Verhaltensweisen stützen, die sie bei Männern beobachten – nämlich daß Männer ihre Blicke lüstern über weibliche Rundungen gleiten lassen. Liste A ist eine Aufstellung der Kriterien, auf die eine Frau bei einem Mann achtet, mit dem sie eine kurzfristige Beziehung anstrebt; sie ist aber auch für eine langfristige Beziehung relevant. Für einen Mann liegen die Dinge anders. Liste D zeigt, worauf ein Mann bei einer Frau achtet, der er zum ersten Mal begegnet, Liste C zeigt die Kriterien, nach denen er bei einer Frau geht, mit der er eine langfristige Beziehung anstrebt.

Was Frauen vom Sex erwarten

Ein Mann empfindet Sex nur dann als befriedigend, wenn Spannungen abgebaut werden. Eine Frau hat genau das umgekehrte Bedürfnis – sie braucht das langsame Aufbauen von Spannung über einen längeren Zeitraum hinweg. Voraussetzung hierfür ist, daß der Mann ihr viel Aufmerksamkeit und Gehör schenkt. Er will sich entleeren, sie sucht Erfüllung. Wenn ein Mann diesen Unterschied versteht, kann er ein einfühlsamer Liebhaber werden. Die meisten Frauen brauchen mindestens dreißig Minuten Vorspiel, bevor sie bereit zum Sex sind. Männer brauchen ungefähr dreißig Sekunden, und die meisten betrachten die Fahrt zu ihrer Wohnung bereits als Vorspiel.

Nach dem Geschlechtsverkehr ist die Frau high vor lauter Hormonen und könnte Bäume ausreißen. Sie will jetzt zärtlich sein, schmusen und reden. Ein Mann dagegen – wenn er nicht bereits eingeschlafen ist – entzieht sich ihr manchmal, indem er aufsteht und »etwas tut«, wie zum Beispiel eine Glühbirne auswechseln oder Kaffee kochen. Der Grund hierfür ist, daß ein Mann sich stets und überall als Herr der Lage fühlen muß, und während eines Orgasmus verliert er kurzzeitig die Kontrolle über sich. Indem er aufsteht und etwas tut, erlangt er die Kontrolle über sich selbst zurück.

Was macht uns an?

Wir haben für beide Geschlechter eine Liste der Dinge zusammengestellt, die auf sie erregend wirken. Man kann hier ganz klar erkennen, wie wenig Frauen und Männer die sexuellen Bedürfnisse des jeweils anderen Geschlechts verstehen. Die Anordnung nach Wichtigkeit spiegelt unmittelbar die weibliche und die männliche Gehirnstruktur wider. Männer sind visuell veranlagt und wollen Sex. Frauen sind auditiv und emotional veranlagt und wollen Zärtlichkeit und Romantik.

Was Frauen anmacht
1. Romantik
2. Bereitschaft, Verpflichtungen einzugehen
3. Miteinander kommunizieren

Was Männer anmacht
1. Pornographie
2. Weibliche Nacktheit
3. Abwechslung beim Sex

| 4. Intimität | 4. Reizwäsche |
| 5. Zärtlichkeiten ohne sexuellen Hintergrund | 5. Verfügbarkeit der Frau |

Die biologische Aufgabe eines Mannes ist es, so viele gesunde Frauen wie möglich aufzutreiben und zu schwängern. Die biologische Aufgabe einer Frau ist es, Kinder zu bekommen und einen Partner zu finden, der bei ihr bleibt, bis die Kinder selbständig sind. Frauen und Männer werden immer noch von diesen uralten Instinkten getrieben, und das, obwohl wir heutzutage in einer Welt leben, in der es zum Überleben nicht mehr erforderlich ist, sich auf Teufel komm raus fortzupflanzen.

Vor diesem Hintergrund wird auch verständlich, warum die Bereitschaft des Mannes, Verpflichtungen einzugehen, so anziehend auf Frauen wirkt. Romantische Anwandlungen eines Mannes beinhalten für sie die vage Versprechung, daß er bereit ist, ihre gemeinsamen Kinder großzuziehen. Darum brauchen Frauen auch monogame Beziehungen. Doch dazu mehr im nächsten Kapitel.

Eine Frau, die einen Mann wegen seines Bedürfnisses nach visueller Stimulation kritisiert, ist nicht besser als ein Mann, der eine Frau kritisiert, weil sie mit ihm reden oder einen netten Abend in einem Restaurant verbringen will.

Wie man eine Frau immer und überall zufriedenstellt:

Man muß sie liebkosen, loben, verhätscheln, massieren, ihr Sachen reparieren, sich in sie hineinversetzen, ihr ein Ständchen bringen, ihr Komplimente machen, sie unterstützen, ernähren, beruhigen, reizen, ihr ihren Willen lassen, sie beschwichtigen, anregen, streicheln, trösten, in den Arm nehmen, überflüssige Pfunde ignorieren, mit ihr kuscheln, sie erregen, ihr beruhigende Worte zuflüstern, sie beschützen, sie anrufen, ihr jeden Wunsch von den Augen ablesen, mit ihr rumknutschen, sich an sie schmiegen, ihr verzeihen, ihr nette Kleinigkeiten mitbringen, sie unterhalten, bezaubern, ihr die Einkaufstasche tragen, gefällig sein, sie faszinieren, sich um sie kümmern, ihr vertrauen, sie verteidigen, sie einkleiden, mit ihr angeben, sie heiligen, anerkennen, verwöhnen, umarmen, für sie sterben, von ihr träumen, sie necken, ihr Befriedigung verschaffen, sie drücken, mit ihr nachsichtig sein, sie zum Idol erheben, den Boden unter ihren Füßen verehren.

Ehe, Liebe und Romanzen

Seit langer Zeit ist die Paarbildung – also die Verbindung von Mann und Frau – der Grundpfeiler menschlichen Zusammenlebens. Dieses Konzept hat sich aus der ursprünglichen Form des Zusammenlebens herausgebildet, bei der ein Mann bzw. Männchen sein bevorzugtes Weibchen bei sich behielt und, sofern er sich das »leisten« konnte, ein paar weitere Weibchen neben ihr hatte. Dazu kamen die gelegentlichen »Seitensprünge«, die er wahllos bei jeder sich bietenden Gelegenheit unternahm.

Die Ehe, wie wir sie heutzutage kennen, ist eine Erfindung der jüdisch-christlichen Ideale, die ein klares Ziel hatten: die Anwerbung von neuen Gläubigen. Wenn man zwei erwachsene Menschen dazu bringt, sich einem strikten Regelwerk zu unterwerfen, das Gehorsam gegenüber einem höheren Gott erfordert, kann man sich ziemlich sicher sein, daß auch die Kinder aus dieser Verbindung automatisch im Glauben der Eltern großgezogen werden. Jede menschliche Aktivität, die aufwendige Riten und großangelegte öffentliche Bekundungen braucht, arbeitet in der Regel gegen unsere Biologie und hat den Zweck, Menschen dazu zu bringen, etwas zu tun, was sie normalerweise nicht tun würden.

Doch es ist wichtig nachzuvollziehen, wie sich die Ehe historisch herausgebildet hat und in welchem Bezug sie zu unserer Biologie steht.

Warum Monogamie für Frauen so wichtig ist

Auch wenn die Ehe in den Gesellschaften der westlichen Welt vom Gesichtspunkt der Gesetzgebung gesehen ein zahnloser Tiger geworden ist, strebt noch immer ein Großteil der Frauen die Ehe an, und 91 Prozent aller Menschen heiraten auch wirklich irgendwann. Für Frauen ist die Ehe eine Art Erklärung vor der ganzen Welt, daß ein Mann sie als »besonders« empfindet und eine monogame Beziehung mit ihr anstrebt. Das Gefühl, etwas »Besonderes« zu sein, wirkt sich stark auf die chemischen Vorgänge im Gehirn einer Frau aus. Bestimmte Forschungsergebnisse, die gezeigt haben, daß die Orgasmusrate einer Frau im ehelichen Bett vier- bis fünfmal und in einer monogamen Beziehung immerhin noch zwei- bis dreimal höher ausfällt, belegen das eindrücklich.

Ältere Menschen haben das Gefühl, daß die Jugend von heute die Ehe als eine veraltete Institution ansieht. Eine Umfrage aus dem Jahre 1998 unter 2344 Studenten zwischen 18 und 23 Jahren, bei der Männer und Frauen jeweils die Hälfte der Befragten bildeten, hat ergeben, daß dem durchaus nicht so ist. Nach ihrer Bereitschaft, Verpflichtungen einzugehen, gefragt, sagten 84 Prozent der Frauen – im Vergleich zu siebzig Prozent der Männer –, daß sie eines Tages heiraten wollten. Nur fünf Prozent der Männer und zwei Prozent der Frauen halten die Ehe für eine überholte Einrichtung.

Bei beiden Geschlechtern waren es 92 Prozent, die angaben, daß für sie Freundschaft wichtiger ist als sexuelle Beziehungen. Die Aussicht, den Rest seines Lebens mit ein und demselben Partner zu verbringen, fanden 86 Prozent der Frauen verlockend, bei Männern waren es 75 Prozent. Nur 35 Prozent der Paare glaubten, daß moderne Beziehungen besser wären als die der Generation ihrer Eltern. Auf der Liste der Frauen stand Treue ganz oben. Bei Frauen unter dreißig Jahren gaben 44 Prozent an, sie würden eine Beziehung abbrechen, wenn der Mann fremdginge. Bei den Frauen zwischen dreißig und vierzig Jahren fiel diese Zahl auf 32 Prozent ab. Bei Frauen im Alter zwischen vierzig und fünfzig gaben 28 Prozent an, daß sie die Beziehung abbrechen würden, während bei den Frauen über sechzig Jahren nur elf Prozent der gleichen Meinung waren. Das zeigt, daß eine Frau um so härter mit einem untreuen Mann verfährt, je jünger sie ist, und daß im Wertesystem jüngerer Frauen Treue und Monogamie einen höheren Stellenwert einnehmen.

Das ist ein Unterschied, den die wenigsten Männer je verstehen werden. Die meisten glauben, daß ein kleiner Seitensprung hier und da ihrer Beziehung keinen Abbruch tue, weil Männer kaum ein Problem damit haben, Sex und Liebe auseinanderzuhalten. Für Frauen gehen Sex und Liebe jedoch Hand in Hand. Für sie kann sein Techtelmechtel mit einer anderen gleichbedeutend mit Hochverrat sein und einen ausreichenden Grund darstellen, die Beziehung zu beenden.

Wo im Gehirn sitzt die Liebe?

Die amerikanische Anthropologin Dr. Helen Fisher von der Rutgers University in New Jersey war eine der ersten, die mit Hilfe von Gehirn-Scans den »Sitz« der Liebe im Gehirn bestimmten. Zwar stecken ihre Forschungsarbeiten noch in den Kinderschuhen, doch hat sie bereits drei unterschiedliche Arten von Emotionen im Gehirn lokalisiert: Sinneslust, Verliebtheit und das Gefühl der Verbundenheit. Jede Emotion hat ihre ganz spezielle chemische Entsprechung im Gehirn, welche das Gehirn aktiviert, sobald sich sein Besitzer von jemandem angezogen fühlt. Biologisch gesehen haben sich diese drei Komponenten der Liebe entwickelt, um die Fortpflanzung, die für das Überleben der Spezies unabdingbar ist, sicherzustellen. Sobald es zu einer Empfängnis gekommen ist, schaltet das System sich automatisch ab, und der Liebesprozeß kommt zum Erliegen.

Die erste Phase, die der Sinneslust, ist die körperliche und nonverbale Anziehung, über die wir weiter oben bereits gesprochen haben. Fisher sagt dazu: »Die Verliebtheit ist die Etappe, in der sich eine Person in dein Gehirn einschleicht und du sie einfach nicht mehr rausbekommst. Dein Gehirn nimmt nur die positiven Eigenschaften der angebeteten Person wahr und übersieht die negativen geflissentlich.«

Die Verliebtheit ist der Versuch des Gehirns, eine Bindung zu einem potentiellen Partner herzustellen. Sie ist eine so starke Emotion, daß sie eine unglaubliche Euphorie hervorrufen kann. Wenn jemand abgewiesen wird, kann das zur tiefsten Verzweiflung und regelrecht zur Besessenheit führen. In extremen Fällen endet das Ganze sogar mit Mord. In der Phase der Verliebtheit werden mehrere hochwirksame chemische Substanzen ausgeschüttet, die eine wahre Hochstimmung hervorrufen. Dopamin verleiht einem das Gefühl des Wohlbefindens, Phenylethylamin hebt den Grad der Erregung, Serotonin bewirkt ein Gefühl der emotionalen Stabilität, und Noradrenalin versetzt einen in den Glauben, daß man einfach zu alles in der Lage wäre. Ein Sexsüchtiger ist ein Mensch, der von dem Hormoncocktail abhängig geworden ist, welcher während der Phase der Verliebtheit ausgeschüttet wird, und ständig high sein will.

Verliebtheit ist nur ein vorübergehendes Gefühl, das im Durchschnitt zwischen drei und zwölf Monate dauert und das die meisten irrtümlicherweise als »Liebe« bezeichnen. In Wirklichkeit ist es nichts anderes als ein biologischer Trick der Natur, mit dem gewährleistet werden soll, daß eine Frau und ein Mann lange genug zusammenbleiben, um Nachwuchs zu zeugen. Die Gefahr bei dieser Phase ist, daß ein verliebtes Paar zu der irrigen Annahme verführt werden kann, beider Geschlechtstrieb wäre perfekt aufeinander abgestimmt, was aber nur den Anschein hat, weil beide in der speziellen Phase das Verhalten von Karnickeln an den Tag legen. Die eigentlichen Unterschiede zeigen sich erst, wenn die Phase der Verliebtheit zu Ende geht bzw. die Phase der Verbundenheit begonnen hat.

Wenn die Verliebtheit der Realität Platz macht, kommt es entweder zum Bruch, oder die dritte Phase, die der Verbundenheit, setzt ein, bei der es hauptsächlich darum geht, eine kooperative Bindung aufzubauen, die lange genug hält, um die gemeinsamen Kinder großzuziehen. Fisher ist zuversichtlich, daß sie mit weiteren Untersuchungen und dem raschen technologischen Fortschritt auf dem Gebiet der Gehirn-Scanner schon bald eine Formel bereitstellen wird, mit der sich exakt bestimmen läßt, wo sich im weiblichen und im männlichen Gehirn der Sitz der Emotionen und der Liebe befindet. Wenn man diese drei Phasen versteht, kann man leichter mit der Phase der Verliebtheit umgehen und sich auf eventuell zu einem späteren Zeitpunkt auftretende Komplikationen einstellen.

Liebe – warum Männer manchmal blinder sind als Frauen

Es heißt, Liebe mache blind, und vor allem auf Männer trifft das durchaus zu. Männer sind bis obenhin mit Testosteron vollgepumpt, wodurch sie extrem leicht in die Phase der Lust oder in die der Verliebtheit fallen. Während der Verliebtheit wird ihr Verhalten so durch Testosteron gesteuert, daß sie kaum mehr wissen, wo oben und unten ist. Das Erwachen aus diesen testosterongesteuerten Träumen kann ziemlich ernüchternd sein. Die Frau, die man letzte Nacht noch so aufregend fand, ist am Morgen, wenn die ersten Sonnenstrahlen ins Zimmer fallen, nur noch halb so attraktiv – und in vielen Fällen auch längst nicht mehr so geistreich wie am Abend zuvor.

Da im Gehirn einer Frau die Zentren für Emotionen und für den Verstand besser miteinander verbunden sind und sie auch keinen testosteronbedingten Blackout hat, fällt es ihr leichter einzuschätzen, ob ein Mann der richtige Partner für sie sein könnte oder nicht. Darum werden die meisten Beziehungen von Frauen beendet, während Männern vielfach nicht bewußt ist, was eigentlich geschehen ist. Selbst wenn sie einem Mann den Laufpaß geben, versuchen die meisten Frauen, es ihm so schonend wie möglich beizubringen. Es gibt Frauen, die unter den Abschiedsbrief an ihren Ehemaligen einen Smiley zeichnen oder ihm versichern, daß sie ihn trotz allem für immer und ewig lieben werden.

Wenn Frauen Liebe machen, haben Männer Sex

Ein altes Sprichwort besagt, daß während eine Frau Liebe macht, ihr Partner Sex mit ihr hat. Was es nun wirklich ist, das erhitzt die Gemüter auf der ganzen Welt. Ein Mann wird Sex als Sex bezeichnen, doch eine Frau reagiert in den meisten Fällen ungehalten auf das Wort, weil es ihrer Definition nach nicht den Tatsachen entspricht. Eine Frau »macht Liebe«, was bedeutet, daß sie sich geliebt fühlen und selbst auch liebevolle Gefühle gegenüber dem Betreffenden haben muß, bevor sie Sex mit ihm haben will. Den meisten Frauen erscheint der Geschlechtsakt an sich als ein liebloser, überflüssiger Akt, denn die Vernetzung des weiblichen Gehirns verhindert, daß eine Frau sich in der Definition des Wortes »Sex« wiedererkennen könnte.

Wenn ein Mann von Sex redet, meint er manchmal wirklich nur den rein körperlichen Akt, doch das bedeutet nicht, daß er seine Partnerin nicht liebt.

Wenn ein Mann »Liebe machen« will, wird er es höchstwahrscheinlich trotzdem als »Sex« bezeichnen. Das kommt manchmal bei einer Frau schlecht an, doch den Ausdruck »Liebe machen« halten die meisten Männer für idiotisch. Oder sie haben das Gefühl, ihre Partnerin zu belügen, denn manchmal wollen sie eben wirklich nur Sex. Wenn Frauen und Männer den Standpunkt des anderen verstehen und sich darauf einigen, die Definition des anderen nicht zu kritisieren, ist ein Stolperstein in der Beziehung eliminiert.

Warum der richtige Partner auch attraktiv ist

Studien des Kinsey Institute haben ergeben, daß die männliche Wahrnehmung der Partnerin während des Liebesspiels von der Tiefe seiner Gefühle für sie abhängt. Das heißt, daß sie desto mehr Punkte auf seiner körperlichen Attraktivitätsskala erzielt, je mehr er in sie verliebt ist. Daran ändert auch die Meinung anderer nichts, daß sie nackt wie das Michelin-Männchen aussehe. Wenn sie ihm jedoch nicht besonders viel bedeutet, erscheint sie ihm wesentlich unattraktiver, selbst wenn sie ausgesprochen gut aussieht. Wenn ein Mann wirklich auf eine Frau steht, ist der Umfang ihrer Oberschenkel nebensächlich – vielmehr: Er ist perfekt. Das zeigt, daß wohl die körperliche Anziehungskraft einer Frau bei der ersten Begegnung für einen Mann einen relativ hohen Stellenwert einnimmt, langfristig gesehen jedoch eine liebevolle, gegenseitige Partnerschaft einen Großteil ihrer Anziehungskraft ausmacht. Das bestätigen auch die Umfragen, die wir im Kapitel zuvor unter der Überschrift »Was wir auf längere Sicht wirklich wollen« besprochen haben.

Das gleiche kann man allerdings von der Attraktivität eines Mannes aus der Sicht einer Frau nicht behaupten. Dies zeigte sich bei einigen interessanten Studien, die in Single-Kneipen durchgeführt wurden. Forscher fanden heraus, daß, je weiter die

Stunde vorgerückt war, die verfügbaren Frauen den einsamen Männern immer attraktiver erschienen. Eine Frau, der Männer um sieben Uhr abends auf einer Skala von null bis zehn die Note Fünf gegeben hatten, erhielt um halb elf bereits die Note 7 und um Mitternacht die Note 8,5, wobei der steigende Alkoholspiegel im Blut der Männer die Bewertung eindeutig nach oben verbesserte. Frauen jedoch, die einem Mann um sieben Uhr abends die Note Fünf gegeben hatten, bewerteten ihn auch um Mitternacht mit einer Fünf.

Alkohol trug nicht dazu bei, die Attraktivität eines Mannes zu steigern, im Gegenteil: In einigen Fällen sank seine Attraktivität sogar mit zunehmendem Alkoholkonsum der Frau. Frauen bewerten die Tauglichkeit eines Mannes als Partner vorrangig anhand seiner persönlichen Charaktereigenschaften und nicht anhand seiner äußeren Erscheinung – daran ändert auch die vorgerückte Stunde oder der höhere Alkoholpegel nichts. Bei Männern steigt die Attraktivität einer Frau entsprechend der Wahrscheinlichkeit, daß sie ihn seine Rolle als professionellen Spermienspender einnehmen lassen wird.

Ziehen sich Gegensätze an?

Bahnbrechende Studien aus dem Jahre 1962 zeigten, daß wir uns zu Menschen hingezogen fühlen, die ähnliche Werte, Interessen, Lebenshaltungen und Wahrnehmungen haben, und daß das die Leute sind, mit denen wir uns auf Anhieb verstehen. Spätere Studien ergaben, daß Partner mit ähnlichen Wertvorstellungen größere Chancen haben, eine langfristige Beziehung miteinander einzugehen. Wenn es allerdings zu wenig Unterschiede zwischen zwei Partnern gibt, kann es irgendwann auch langweilig werden. Wir brauchen einen ausreichenden Unterschied, damit es interessant genug ist und unsere eigene Persönlichkeit durch die des anderen ergänzt wird. Allerdings benötigen wir keinen so großen Unterschied, daß er unserem Lebensstil in die Quere kommt. Ein ruhiger Mann beispielsweise kann sich zu einer kontaktfreudigen Frau hingezogen fühlen, und eine Frau, die sich ständig Sorgen macht, kann auf einen lockeren, gelassenen Mann abfahren.

Körperliche Gegensätze ziehen sich an

Man kann jede beliebige Studie und Umfrage darüber betrachten, von welchen körperlichen Merkmalen wir uns beim anderen Geschlecht angezogen fühlen, und man wird feststellen, daß wir körperliche Eigenschaften bevorzugen, die in krassem Gegensatz zu unseren eigenen stehen. Männer bevorzugen Frauen, die dort weiche Rundungen haben, wo sie selbst flach und kantig sind. Sie ziehen Frauen vor, die breite Hüften, eine schlanke Taille, lange Beine und runde Brüste haben – alles Eigenschaften, die sie selbst nie besitzen werden. Ein Mann sieht bei einer Frau gerne ein kleines Kinn, eine kleine Nase und einen flachen Bauch, denn bei ihm ist im Normalfall genau das Gegenteil der Fall.
Frauen bevorzugen an Männern breitere Schultern, schmalere Hüften, umfangreichere Arme und Beine, ein kantigeres Kinn und

eine größere Nase, als sie selbst haben. Es gibt jedoch interessante Ausnahmen. Einige Studien haben ergeben, daß Männer, die keinen Alkohol trinken, Frauen mit kleinen Brüsten vorziehen, Frauen mit großen Brüsten bevorzugen Männer mit einer kleinen Nase, und Männer mit einer großen Nase werden in der Regel in Begleitung von flachbrüstigen Frauen gesehen. Extrovertierte Männer bevorzugen Frauen mit sehr großen Brüsten.

Warum Männer grapschen und Frauen nicht

Das Hormon Oxytozin, auch als »Schmusehormon« bekannt, wird ausgeschüttet, wenn man zärtlich gestreichelt wird oder mit jemandem schmust. Es erhöht die Empfindungsfähigkeit für Berührungen und das Gefühl der Verbundenheit und beeinflußt das weibliche Verhalten gegenüber Babys und Männern ganz wesentlich. Wenn eine Frau mit dem Stillen beginnt, löst Oxytozin das Einschießen der Milch in die Brüste aus.

Wenn eine Frau einen Mann zärtlich streichelt, tut sie das im Normalfall so, wie sie gerne von ihm gestreichelt werden würde. Sie krault seinen Kopf, streichelt sein Gesicht, fährt ihm über den Rücken und streicht ihm zärtlich über die Haare. Diese Art der Zärtlichkeit kommt bei vielen Männern nicht besonders gut an, ja von einigen wird sie sogar als ausgesprochen lästig empfunden. Die Haut des Mannes ist wesentlich unempfindlicher als die der Frau, denn als er noch auf die Jagd gehen mußte, durfte er nicht durch Schmerzempfindungen oder Verletzungen abgelenkt werden. Männer werden lieber an einer ganz bestimmten Stelle angefaßt, und das so oft wie möglich. Dadurch entstehen beträchtliche Spannungen zwischen den Partnern. Wenn ein Mann eine Frau sinnlich berühren will, läßt er ihr die Behandlung angedeihen, die er am liebsten hätte: Er grapscht ihr an den Busen und zwischen die Beine. Doch das gehört bekanntermaßen zu den von einer Frau am wenigsten geschätzten Dingen, und so sind Ärger und Frustrationen auf beiden Seiten vorprogrammiert. Wenn beide lernen, auf die individuellen Bedürfnisse des anderen einzugehen und sich das zu geben, was sie brauchen, wird ihre Beziehung spürbar davon profitieren.

Wie man sexy denken kann

Der menschliche Geist ist im Grunde nichts anderes als ein brodelnder Cocktail chemischer Reaktionen, und deswegen ist es durchaus möglich, seine Gedanken so zu lenken, daß man sich sexy fühlt. Diese Technik wird von vielen Sextherapeuten gelehrt. Dabei muß man sich fest auf die positiven Eigenschaften des Partners konzentrieren und sich erregende sexuelle Erfahrungen, die man mit ihm erlebt hat, ins Gedächtnis zurückrufen. Das Gehirn reagiert, indem es die chemischen Substanzen ausschüttet, die den Geschlechtstrieb steuern, und der Körper reagiert mit eindeutigen Zeichen sexueller Begierde. Zu dieser Reaktion kommt es während der ersten Phase der Verliebtheit ständig, während der man nur die guten Seiten des anderen wahrnimmt und der Geschlechtstrieb auf Hochtouren läuft.

Genauso ist es aber möglich, jegliche triebhaften Gefühle abzutöten, indem man sich ausschließlich auf die negativen Seiten des Partners konzentriert. Dadurch blockiert man die Ausschüttung der chemischen Substanzen, die erforderlich sind, um den Geschlechtstrieb in Gang zu setzen.

Wie man die Gefühle der Verliebtheit wieder zum Leben erweckt

Man kann nicht nur sexy denken, man kann sich auch wieder verliebt denken, indem man sich auf die Tage der ersten großen Verliebtheit zurückbesinnt. Darum sind Abendessen bei Kerzenschein, romantische Strandspaziergänge und Ferienwochenenden ein so großer Renner. Paare erleben dabei ein regelrechtes hormonelles Hoch, das sie wieder in den Siebten Himmel zurückversetzt. Partner mit der Erwartungshaltung, der aufregende Zustand der ersten Verliebtheit müsse ewig dauern, werden tief enttäuscht. Aber mit ein bißchen gutem Willen kann man diesen Zustand wieder zum Leben erwecken, wenn man das Bedürfnis danach verspürt.

Wie man den richtigen Partner findet

Liebe beginnt mit Lust, und Lust kann ein paar Stunden, ein paar Tage oder ein paar Wochen dauern. Die nächste Phase ist die große Verliebtheit, die im Durchschnitt drei bis zwölf Monate währt, bevor sich daran die Bindungsphase anschließt. Wenn nach etwa einem Jahr die berauschende Wirkung des starken Hormoncocktails nachläßt, sehen wir unseren Partner zum ersten Mal im nüchternen Tageslicht, und all die kleinen Eigenheiten, die wir anfangs noch so liebenswert fanden, gehen uns langsam, aber sicher auf die Nerven. Zu Beginn fanden Sie es vielleicht noch niedlich, daß er nie etwas im Kühlschrank gefunden hat, doch jetzt könnten Sie vor Wut einen Schreikrampf bekommen. Und er hat anfangs vielleicht nicht genug davon bekommen, wenn Sie ihm in epischer Länge Ihren Tagesablauf beschrieben haben. Doch inzwischen steigen immer häufiger Mordgelüste in ihm hoch, sobald Sie auch nur den Mund öffnen. Heimlich fragen Sie sich immer öfter: »Kann ich so den Rest meines Lebens verbringen? Was haben wir gemeinsam?«

In der Tat ist der Gedanke nicht so abwegig, daß Männer und Frauen wenig bis gar nichts gemeinsam haben und daß es kaum ein Thema gibt, über das beide gerne reden würden. Aus biologischer Sicht war das einzige Ziel bei dem Ganzen, eine Frau und einen Mann durch eine Überdosis Hormone soweit zu benebeln, daß sie eben *nicht* denken konnten, sondern lange genug zusammenblieben, um Nachwuchs zu zeugen. Wenn Sie auf der Suche nach dem richtigen Partner sind, müssen Sie sich darüber im klaren sein, auf welche Gemeinsamkeiten Sie bei einer *langfristigen Beziehung* Wert legen, und zwar bevor die Natur Ihre Denkfähigkeit durch hormonelle Höhenflüge außer Gefecht gesetzt hat. Die Frage ist, ob Sie in der Lage sind, eine dauerhafte Beziehung, die auf Freundschaft und gemeinsamen Interessen aufbaut, auch nach der ersten großen Verliebtheit – und daß diese vergeht, ist so sicher wie das Amen in der Kirche – aufrechtzuerhalten.

Notieren Sie die Charakterzüge und Interessen, die Sie sich bei einem Partner wünschen, mit dem Sie sich eine langfristige Beziehung vorstellen könnten, dann werden Sie genau wissen, wonach Sie suchen. Ein Mann hat sicherlich eine ganze Liste mit Eigenschaften, die seine ideale Partnerin haben sollte, doch wenn er auf eine Party geht, ist sein Gehirn durch massive Testosteronausschüttungen umnebelt. Sein Gehirn wird ihn dann dazu treiben, sich eine »ideale« Frau entsprechend seiner hormonellen Motivation zu suchen – klasse Beine, flacher Bauch, runder Hintern, attraktive Oberweite usw., alles Eigenschaften, die wichtig sind, wenn das Ziel der schnellen Fortpflanzung im Vordergrund steht. Frauen wünschen sich einen einfühlsamen und liebevollen Mann, der einen V-förmigen Oberkörper und eine ansprechende Persönlichkeit hat – alles Eigenschaften, die für das Zeugen und Großziehen von Kindern, die Nahrungsbeschaffung und den Schutz der Familie wichtig sind. Dabei handelt es sich ebenfalls nur um kurzfristige biologische Bedürfnisse, die sehr wenig mit dem Erfolg einer modernen Beziehung zu tun haben. Wenn Sie eine Liste mit all den Eigenschaften, die Sie sich bei einem langfristigen Partner wünschen, griffbereit halten, kann sie Ihnen das nächste Mal, wenn Sie eine neue Person kennenlernen und sich Ihre Biologie bei Ihren Gedanken und Trieben ins Werk setzt, helfen, objektiv zu bleiben.

Ihr biologisches Ziel ist es, sich so oft wie möglich fortzupflanzen, und die Natur greift zu wirkungsvollen Mitteln, um das zu erreichen. Wenn Ihnen diese Zusammenhänge klar sind und Sie sich mit einer Beschreibung Ihres idealen langfristigen Partners gewappnet haben, werden Sie weniger leicht auf die Tricks von Mutter Natur hereinfallen. Ihre Chancen, den einen, so schwer aufzutreibenden, perfekten Partner zu finden, mit dem Sie »glücklich und zufrieden bis an Ihr Lebensende« leben können, steigen dadurch beträchtlich.